1 アルファベットの復習①

1 次の文字が  に適する大文字を書きましょう。

A B ☐ D E ☐ G H I J ☐ L M N

O ☐ Q R ☐ T U V ☐ X ☐ Z

2 次の文字がアルファベット順になるように、☐ に適する小文字を書きましょう。

☐ b c d ☐ f ☐ h i j k ☐ m n

o p ☐ r s ☐ u v ☐ x ☐ z

3 次の大文字を小文字になおして書きましょう。

(1) D → ☐　　(2) G → ☐　　(3) H → ☐

(4) R → ☐　　(5) S → ☐　　(6) T → ☐

4 次の小文字を大文字になおして書きましょう。

(1) a → ☐　　(2) b → ☐　　(3) d → ☐

(4) f → ☐　　(5) k → ☐　　(6) m → ☐

5 次の語を小文字で ☐ に書きましょう。

(1) BOOK 本 ☐　　(2) PARK 公園 ☐

(3) DOG 犬 ☐　　(4) BIKE 自転車 ☐

2 アルファベットの復習②

月　　日

1 下の絵についている英語を見て、次の日本語を英語になおしましょう。

(1) いす ［　　　　　　］

(2) リンゴ ［　　　　　　］

(3) 飛行機 ［　　　　　　］

(4) ネコ ［　　　　　　］

(5) 魚 ［　　　　　　］

(6) 電車 ［　　　　　　］

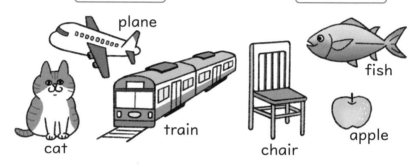

plane

train

cat

chair

fish

apple

2 左から線をたどって意味をさがし、その英語を ［　］ に書きましょう。

(1) bird　　　　　　　　　鳥　　　［　　　　］

(2) tree　　　　　　　　　卵　　　［　　　　］

(3) school　　　　　　　　学校　　［　　　　］

(4) eraser　　　　　　　　消しゴム ［　　　　］

(5) egg　　　　　　　　　木　　　［　　　　］

何問できた？　11 問中　　問

3 英語の語順①

月　日

★ **英語の文は〈 主語＋動詞 〉が基本！**

ここ大事！

I run. 私は 走ります。

主語······ ·····動詞 ← 動詞は必ず主語のあと

I run in the park. 私は公園で走ります。

主語は「～は、～が」にあたる語で、動詞は動きを表す語だよ。

よく使う動詞

run 走る　walk 歩く、散歩する

swim 泳ぐ　sit すわる　stand 立つ

---

1 （　　）内の語を並べかえて、正しい英文にしましょう。

やってみよう

(1) (run / I) every day.

　————————————————————— every day.

(2) (walk / I) in the morning.

　————————————————————— in the morning.

2 次の英文を日本文になおすとき、（　　）内に適する日本語を書きましょう。

(1) I run in the park.

　私は公園で（　　　　　　　　　　　　　　　　）。

(2) I walk every day.

　私は毎日（　　　　　　　　　　　　　　　　　）。

(3) I swim every morning.

　私は毎朝（　　　　　　　　　　　　　　　　　）。

□ I [アイ] 私は、私が　□ park [パーク] 公園　□ morning [モーニング] 朝、午前
□ every [エヴリィ] 毎～　□ day [デイ] 日　□ every day 毎日

4 英語の語順②

月　　日

ここ大事！

★「〜を」にあたる語は動詞のあとに置く！

I play **baseball**. 私は 野球をします。

主語　　動詞　　〜を

I like **tennis**. 私は テニスが好きです。

「私はします」➡「何を」➡「野球を」と考えればいいよ。

よく使う動詞

play〈スポーツを〉する　like 好きである

have 持っている　watch〈テレビなどを〉見る

---

1 （　）内の語を並べかえて、正しい英文にしましょう。

やってみよう

(1) I (tennis / play) every day.

I ＿＿＿＿＿＿＿＿＿＿＿ every day.

(2) I (baseball / play).

I ＿＿＿＿＿＿＿＿＿＿＿ .

---

2 例 にならって、（　）内の人になったつもりで「私は〜が好きです。」という文を完成しましょう。

例 (Tom) ➡ I like baseball.

(1) (Ren)　I ＿＿＿＿＿＿＿＿＿ .

(2) (Kei)　I ＿＿＿＿＿＿＿＿＿ .

(3) (Yui)　I ＿＿＿＿＿＿＿＿＿ .

basketball
volleyball
tennis

Tom　Ren　Kei　Yui

□ baseball［ベイスボール］野球　　□ tennis［テニス］テニス　　□ volleyball［ヴァリィボール］バレーボール
□ basketball［バスケトボール］バスケットボール

何問できた？　5 問中　　問

5 a と an

月　日

ここ大事！

★ a…1つ〔1人〕、2つ〔2人〕…と数えられるものや人を表す語〔名詞〕の前

★ an…ものや人を表す語が母音で始まっている語の前

a dog 1ぴきの犬　　　an apple 1個のリンゴ

母音なので an

「母音」は、「アイウエオ」に似た音のことだよ。

注意 名詞の前に形容詞がつくときは、その形容詞の始まりの音に注意！

an apple → a big apple 大きなリンゴ

a dog → an old dog 年老いた犬

1 ＿＿＿＿ に a か an のどちらか適するほうを書きましょう。

やってみようよ

(1) ＿＿＿＿ cat ネコ

(2) ＿＿＿＿ bag かばん

(3) ＿＿＿＿ orange オレンジ

(4) ＿＿＿＿ egg 卵

(5) ＿＿＿＿ big apple 大きいリンゴ

(6) ＿＿＿＿ new eraser 新しい消しゴム

2 下線部が正しければ○を、まちがっていれば＿＿＿＿ に正しい語を書きましょう。

(1) I have an car. ＿＿＿＿

(2) I have a small bag. ＿＿＿＿

(3) I have a easy book. ＿＿＿＿

(4) I have a old camera. ＿＿＿＿

(5) I have an umbrella. ＿＿＿＿

(6) I have an interesting book. ＿＿＿＿

(7) I have an big orange. ＿＿＿＿

(8) I have an new book. ＿＿＿＿

□ big[ビッグ]大きい　　□ old[オウルド]年老いた、古い　　□ new[ヌー]新しい　　□ car[カー]車
□ small[スモール]小さい　　□ easy[イーズィ]簡単な　　□ book[ブック]本　　□ camera[キャメラ]カメラ
□ umbrella[アンブレラ]かさ　　□ interesting[インタレスティング]おもしろい

何問できた？　14 問中　　問

6 名詞の複数形

ここ大事！

★ 複数形（2つ〔2人〕以上）の作り方…名詞の語尾に s か es をつける

たいていの語	s をつける	book 本 ➡ books
s、x、sh、ch などで終わる語	es をつける	bus バス ➡ buses
〈子音字 + y〉で終わる語	y を i にかえて es	country 国 ➡ countries
f、fe で終わる語	f、fe を v にかえて es	knife ナイフ ➡ knives

不規則に変化する語

man 男性 ➡ men　　　　woman 女性 ➡ women

child 子ども ➡ children　　tooth 歯 ➡ teeth

1つのことは単数と言うよ！

1 次の語を複数形にして、＿＿＿に書きましょう。

やってみよう

(1) bag ＿＿＿＿＿　　(2) car ＿＿＿＿＿

(3) bus ＿＿＿＿＿　　(4) camera ＿＿＿＿＿

(5) library ＿＿＿＿＿　　(6) cat ＿＿＿＿＿

(7) egg ＿＿＿＿＿　　(8) knife ＿＿＿＿＿

2 日本語を参考にして、＿＿＿に適する語を1語ずつ書きましょう。

(1) I have ＿＿＿＿＿＿＿＿. （3冊の本）

(2) I have ＿＿＿＿＿＿＿＿. （5つの箱）

(3) I know ＿＿＿＿＿＿＿＿. （たくさんの国）

(4) I use ＿＿＿＿＿＿＿＿. （何本かのえんぴつ）

....

□ library[ライブレリィ]図書館、図書室　　□ box[バックス]箱　　□ know[ノウ]知っている
□ many[メニィ]たくさんの　　□ use[ユーズ]使う　　□ some[サム]いくつかの　　□ pencil[ペンスル]えんぴつ

7 be 動詞①

月　日

★「私は〜です。」は 〈 I am 〜. 〉

I am Ken. 私はケンです。

I ＝ィコール Ken

I'm from Kyoto. 私は京都の出身です。

> I'm は I am を、
> You're は You are を
> 短縮した形で、
> 短縮形というよ。

★「あなたは〜です。」は 〈 You are 〜. 〉

You are Emma. あなたはエマです。

You ＝ィコール Emma

You're from Canada. あなたはカナダの出身です。

注意 am や are のあとには、a student 生徒 のような名詞や、busy いそがしい のような形容詞もくる。

1 (　　) 内から適する語を選び、○でかこみましょう。

やってみよう

(1) I (am / are) Yamada Kenji.

(2) You (am / are) Ms. Honda.

(3) (I'm / I) Suzuki Takuya.

(4) (You / You're) a teacher.

2 (　　) 内の語を並べかえて、正しい英文にして全文を書きましょう。

(1) (a / am / I) student.

_____

(2) (are / you / from) Osaka.

_____

□ from [フラム] 〜出身の　　□ Ms. [ミズ] (女性について) 〜さん　　□ teacher [ティーチァ] 先生、教師

何問できた？   6 問中　　　問

8 be 動詞②

ここ大事！

★ 男性について「彼は〜です。」は〈 He is 〜. 〉

He is Mr. Sano. 彼は佐野さんです。

He ＝イコール Mr. Sano

He's from Hiroshima. 彼は広島の出身です。

★ 女性について「彼女は〜です。」は〈 She is 〜. 〉

She is Aki. 彼女はアキです。

She ＝イコール Aki

She's a student. 彼女は生徒です。

He's は He is の、She's は She is の短縮形。

is、am、are は主語によって使い分けるんだよ。

1（　　）内から適する語を選び、〇でかこみましょう。

やってみよう

(1) She (is / am) Amy.

(2) (He / She) is Mr. Yamamoto.

(3) (He / She) is Ms. Harada.

2（　　）内の語を並べかえて、正しい英文にして全文を書きましょう。

(1) (a / is / she) nurse.

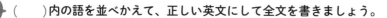

(2) (from / he's / London / .)

(1)(2)とも書き始めは大文字だよ。

□ Mr.［ミスタァ］（男性について）〜さん
□ nurse［ナース］看護師　　□ London［ランドン］ロンドン

何問できた？　5 問中　　問

9 be 動詞③

月　日

⭐ ものや人について「これ[こちら]は～です。」は 〈 This is ～. 〉

This is a book. これは本です。

This ＝イコール a book

⭐ ものや人について「あれ[あちら]は～です。」は 〈 That is ～. 〉

That is Ayaka. あちらはアヤカです。

人名や地名などには a、an はつけない

こ
こ
大
事！

注意 前に出てきたものを「それは～です。」と説明するときは It is ～. とする。

This is a computer. It is[It's] new.
これはコンピュータです。それは新しいです。

That is の
短縮形は That's。
This is の
短縮形はないよ。

---

1 (　　)内の語を並べかえて、正しい英文にしましょう。

や
っ
て
み
よ
う

(1) (is / this) a car.　　.. a car.

(2) (a / that / is) book.　　.. book.

(3) (it / a / is) new book.　　.. new book.

2 遠近に注意して、「これ[あれ]は～です。」という文を完成しましょう。

(1) .... a notebook.

(2) .... a computer.

(3) .... ball.

(4) .... bird.

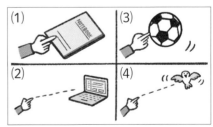

□ this[ズィス]これは、この　　□ that[ザット]あれは、あの　　□ notebook[ノウトブック]ノート
□ computer[コンピュータァ]コンピュータ　　□ ball[ボール]ボール　　□ bird[バード]鳥

何問できた？　7 問中　　問

10 be 動詞④

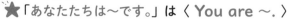

月　日

ここ大事！

主語が複数の場合

主語が複数なので名詞がくるときは複数形。

★「私たちは〜です。」は〈 We are 〜. 〉

We are students. 私たちは生徒です。

★「あなたたちは〜です。」は〈 You are 〜. 〉

You are teachers. あなたたちは先生です。

└ you は「あなたは」でも使い、このときはあとの名詞は単数形

★「彼ら〔彼女たち/それら〕は〜です。」は〈 They are 〜. 〉

They are new students. 彼らは新入生です。

└ they は人やもののどちらにも使える

1 （　　）内から適する語を選び、〇でかこみましょう。

やってみよう

(1) (She / They) are doctors.

(2) We (am / are) from Japan.

(3) You are (nurse / nurses).

2 （　　）内の語を並べかえて、正しい英文にして全文を書きましょう。

(1) (are / we / new / teachers / .)

_____

(2) (they / bikes / are / old / .)

_____

□ doctor［ダクタァ］医者　　□ Japan［ヂァパン］日本　　□ bike［バイク］自転車

何問できた？　5 問中　　問

11 代名詞①

月　日

★ he や she のもとになる語を確認！

代名詞	be動詞	使い方	もとになる英語の例
he	is	男性1人	a boy, a man
she	is	女性1人	a girl, a woman
it	is	もの1つ	a book, a computer
we	are	私をふくむ2人以上	Ken and I
they	are	私をふくまない2人以上、2つ以上のもの	Ken and Tom three books
you	are	「あなた(たち)は」	you and Jane

> 単数 (I と you 以外) の代名詞には is、複数には are を使うよ！

注意 you は「あなたは」と「あなたたちは」の両方に使われる。前後の語句に注意。

1 次の語句を1語の代名詞にして、＿＿＿に書きましょう。

やってみよう

(1) Tom and I ＿＿＿＿　　(2) a pencil ＿＿＿＿

(3) two pencils ＿＿＿＿　　(4) you and Emi ＿＿＿＿

(5) Amy and Ami ＿＿＿＿　　(6) a girl ＿＿＿＿

2 〔　〕内の指示にしたがって書きかえるとき、＿＿＿に適する語を書きましょう。

(1) I am a student. 〔下線部を We にかえて〕

　　We ＿＿＿＿＿＿＿＿.

(2) You are new teachers. 〔下線部を単数形にして〕

　　You are ＿＿＿＿ new ＿＿＿＿.

(3) She is a good singer. 〔下線部を They にかえて〕

　　＿＿＿＿＿＿＿ good singers.

. . . .

□ boy[ボイ]少年　□ girl[ガール]少女　□ and[アンド]〜と…　□ good[グッド]じょうずな
□ singer[スィンガァ]歌手、歌い手

解答 → P.87

何問できた？ 9 問中　　問

12 代名詞②

★「私の〜」「あなたの〜」のように所有を表す代名詞

単数			複数		
主格	所有格		主格	所有格	
I	my	私の	we	our	私たちの
you	your	あなたの	you	your	あなたたちの
he	his	彼の	they	their	彼らの
she	her	彼女の			彼女たちの
it	its	それの			それらの

I や we のように主語になる形を「主格」、my や your のような所有を表す形を「所有格」というよ。

注意 形容詞がつくときは〈所有格＋形容詞＋名詞〉の語順
This is my new pen. これは私の新しいペンです。

所有格に a や an をつけて使うことはできないんだ。

---

1 （　　）内から適する語を選び、〇でかこみましょう。

(1) This is (my / you) friend.

(2) (Her / She) name is Meg.

(3) We are (they / their) classmates.

(4) They are his (brother / brothers).

2 （　　）内の語を並べかえて、正しい英文にして全文を書きましょう。

(1) That is (computer / her / new).

_____

(2) (father / in / his / is) London.

_____

□ pen[ペン]ペン　　□ friend[フレンド]友だち　　□ name[ネイム]名前
□ classmate[クラスメイト]同級生　　□ brother[ブラザァ]兄、弟　　□ father[ファーザァ]父

13 be 動詞の使い分け①

ここ
大事！

★ 単数に使う be 動詞は **am、are、is**！

主語	be 動詞	例
I	am	—
you	are	—
he		← Tom, my brother, Mr. Honda
she	is	← Jane, my sister, Ms. Tanaka
it		← this book, that pen, his car

1 _____に am、is、are のいずれかを補って、英文を完成しましょう。

やってみよう

(1) Mr. Nakamura _____ our music teacher.

(2) This bridge _____ very long.

(3) I _____ a new student.

(4) My sister _____ in Tokyo.

(5) You _____ a good friend.

2 (　　) 内の語を並べかえて、正しい英文にして全文を書きましょう。

(1) (am / I / his) brother.

_____

(2) (that / is / our / woman) mother.

_____

□ sister [スィスタァ] 姉、妹　　□ music [ミューズィック] 音楽　　□ bridge [ブリッヂ] 橋
□ very [ヴェリィ] とても　　□ long [ローング] 長い　　□ mother [マザァ] 母

何問できた？　　7 問中　　　問

14 be 動詞の使い分け②

月　日

★ 複数に使う be 動詞は are だけ！

ここ大事！

主語	be 動詞	例
we	are	← Tom and I, you and I, the boy(s) and I
you	are	← you and Ken, you and the girl(s)
they	are	← her brothers[sisters], my teachers ← these books, those students ← Tom and Ken, my brother and sister

注意 Tom and I のように、I で終わるとき、am とするのはまちがい。
「トム」と「私」の2人になるので、複数としてあつかう。

1 (　　)内から適する語を選び、○でかこみましょう。

やってみよう

(1) We (am / are) from America.

(2) These books (is / are) in my room.

(3) You are good (student / students).

(4) Anna and I (am / are) classmates.

2 〔　　〕内の指示にしたがって書きかえるとき、＿＿＿＿に適する語を書きましょう。

(1) I am a tennis player.〔下線部を We にかえて〕

We ＿＿＿＿＿ tennis ＿＿＿＿＿.

(2) He is a popular singer in Japan.〔下線部を They にかえて〕

They ＿＿＿＿＿ popular ＿＿＿＿＿ in Japan.

. . . .

□ these[ズィーズ]これらの　　□ those[ゾウズ]あれらの　　□ America[アメリカ]アメリカ
□ room[ルーム]部屋　　□ player[プレイア]選手　　□ popular[パピュラァ]人気のある

何問できた？　6 問中　　問

15 be 動詞の否定文

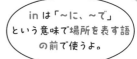

in は「〜に、〜で」という意味で場所を表す語の前で使うよ。

★ be 動詞のある文の否定文は〈 be 動詞 + not 〉

I am[I'm] **not** busy. 私はいそがしくありません。

He **is not**[**isn't**] Tom. 彼はトムではありません。

We **are not**[**aren't**] in Kyoto. 私たちは京都にいません。

もとの形	短縮形
I am not	**I'm** not （am not の短縮形はない）
you are not	you **aren't** / **you're** not
he[she] is not	he[she] **isn't** / **he's**[**she's**] not
it is not	it **isn't** / **it's** not
we[they] are not	we[they] **aren't** / **we're**[**they're**] not

ここ大事！

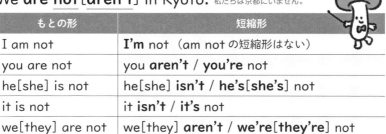

---

1 （　　）内の語を並べかえて、正しい英文にしましょう。

やってみよう

(1) I (not / am) a baseball player.

I _____ a baseball player.

(2) He (not / from / is) Australia.

He _____ Australia.

2 （　　）内の語句を並べかえて、正しい英文にして全文を書きましょう。

(1) (isn't / my sister / in) her room now.

_____

(2) (aren't / busy / our parents) today.

_____

□ Australia[オーストゥレイリャ]オーストラリア　　□ now[ナウ]今　　□ parent[ペアレント]親、（複数形で）両親
□ today[トゥデイ]今日（は）

16 be 動詞の疑問文

月　日

★ be 動詞の疑問文…〈 be 動詞 + 主語〜？〉

ここ大事！

〈ふつうの文〉 **You are** Ken. あなたはケンです。

………… be 動詞を主語の前に

〈疑問文〉 **Are you** Ken ❓ あなたはケンですか。

………… クエスチョンマークに

疑問文の書き出しの be 動詞は**大文字**だよ！

〈答え方〉 Yes, **I am.** / No, **I'm[I am] not.**
はい、そうです。　　　　いいえ、ちがいます。

注意 「あなたは？」と聞かれたので、「私は〜」と答える。
また、疑問文の名詞は、答えでは代名詞にする。
Is Tom 〜? ➡ Yes, **he** is. など。

---

1 次の文を疑問文に書きかえるとき、＿＿＿＿に適する語句を書きましょう。

やってみよう

(1) You are an English teacher.

＿＿＿＿＿＿＿＿＿＿＿＿ an English teacher?

(2) Your mother is from Akita.

＿＿＿＿＿＿＿＿＿＿＿＿ from Akita?

(3) This student is a good tennis player.

＿＿＿＿＿＿＿＿＿＿＿＿ a good tennis player?

2 正しい問答文になるように、＿＿＿＿に適する語を書きましょう。

(1) Is her brother in his room?

── Yes, ＿＿＿＿＿＿＿ ＿＿＿＿＿＿＿.

(2) Are they good students?

── No, ＿＿＿＿＿＿＿ ＿＿＿＿＿＿＿.

……………………………………………………………………………

□ English［イングリッシュ］英語（の）

何問できた？　5 問中　　問

1 各文に適する語を下から選んで、＿＿＿に書きましょう。同じ語を２度以上使ってもかまいません。 ［(1)(2)各5点・他は各6点×3問］

(1) This baseball player ＿＿＿＿＿ popular in America.

(2) I ＿＿＿＿＿ from Fukuoka.

(3) These balls ＿＿＿＿＿ very old.

(4) This is ＿＿＿＿＿ your ball. It's my ball.

(5) Yui and Mai ＿＿＿＿＿ my classmates.

> am　is　are　not

2 〔　〕内の指示にしたがって、書きかえましょう。 ［各6点×4問］

(1) She is a new <u>nurse</u>. 〔下線部を複数形にして〕

＿＿＿＿＿＿＿＿＿＿＿＿＿＿＿＿＿＿＿＿＿

(2) Minato is a basketball player. 〔疑問文に〕

＿＿＿＿＿＿＿＿＿＿＿＿＿＿＿＿＿＿＿＿＿

(3) My father is an English teacher. 〔否定文に〕

＿＿＿＿＿＿＿＿＿＿＿＿＿＿＿＿＿＿＿＿＿

(4) <u>Those boys and girls</u> are my good friends.

〔下線部を代名詞にかえて〕

＿＿＿＿＿＿＿＿＿＿＿＿＿＿＿＿＿＿＿＿＿

\ヒント/

2 (1) 下線部を複数形にすると、主語やbe動詞をかえるほかに、もう1つの作業が必要。
(2) be動詞isをどのようにすれば疑問文になるかを考える。

裏面に続くよ

❸ 日本文に合うように、＿＿＿＿＿に適する語を書きましょう。 [各6点×4問]

(1) 私の両親はあの部屋にはいません。

My parents ＿＿＿＿＿＿＿＿＿＿＿＿＿＿＿＿ that room.

(2) 私はあなたの英語の先生ではありません。

＿＿＿＿＿＿＿＿ ＿＿＿＿＿＿＿＿ your English teacher.

(3) あなたたちは高校生ですか。

＿＿＿＿＿＿＿＿ ＿＿＿＿＿＿＿＿ high school students?

(4) ((3)に答えて) —— はい、そうです。

Yes, ＿＿＿＿＿＿＿＿＿＿＿＿＿＿＿＿ .

❹ 日本文に合うように、( )内の語を並べかえて、全文を書きましょう。 [各6点×4問]

(1) これは私の新しい自転車ではありません。

(is / my / bike / this / not / new / .)

＿＿＿＿＿＿＿＿＿＿＿＿＿＿＿＿＿＿＿＿＿＿＿＿＿＿＿

(2) 10人の子どもたちが今あの公園にいます。

(in / park / children / that / ten / are) now.

＿＿＿＿＿＿＿＿＿＿＿＿＿＿＿＿＿＿＿＿＿＿＿＿＿＿＿

(3) レンとアオイはじょうずな野球の選手ですか。

(Ren / Aoi / players / good / and / are / baseball / ?)

＿＿＿＿＿＿＿＿＿＿＿＿＿＿＿＿＿＿＿＿＿＿＿＿＿＿＿

(4) ((3)に答えて) —— いいえ、ちがいます。

(they / not / no / are / , / .)

＿＿＿＿＿＿＿＿＿＿＿＿＿＿＿＿＿＿＿＿＿＿＿＿＿＿＿

\ ヒント /

❸ (3) high school student は「高校生」 (4) 答えの文の主語に注意する。
❹ (1) 〈所有格＋形容詞＋名詞〉の語順。

18 一般動詞①

月　日

★ 一般動詞…be 動詞以外の動詞。動作や状態などを表す！

ここ大事！

〈文の形〉 **I** **like** music. 私は音楽が好きです。
　　　　　主語　動詞　目的語（「〜を」にあたる語）

like	好きである	use	使う
play	（スポーツを）する	know	知っている
	（楽器を）ひく	study	勉強する
have	持っている	want	ほしい
	ある、いる	speak	話す
help	手伝う、助ける	watch	見る

注意 目的語がない文については p.3を参照。

1 日本語を参考にして、＿＿＿＿＿に適する語を右から選んで書きましょう。

やってみよう

(1) I ＿＿＿＿＿ two sisters. （いる）

(2) I ＿＿＿＿＿ my mother every day. （手伝う）

(3) I ＿＿＿＿＿ English every day. （勉強する）

(4) I ＿＿＿＿＿ this book. （ほしい）

(5) I ＿＿＿＿＿ TV in my room. （見る）

help / want
have / study
watch

2 （　）内の語を並べかえて、正しい英文にして全文を書きましょう。

(1) I (the / piano / play) every day.

「楽器をひく」のときは、楽器の前にふつう the をつけるよ。

_____

(2) I (and / English / speak) French.

_____

□ TV［ティーヴィー］テレビ　　□ piano［ピアノウ］ピアノ　　□ French［フレンチ］フランス語

何問できた？ 　　7問中　　問

19 一般動詞②

月　日

★ 一般動詞の連語…動詞のあとに語句をともなうもの

ここ大事！

〈文の形〉 I **listen to** music. 私は音楽を聞きます。

〈動詞＋語句〉

to、at、for は名詞や代名詞の前に置くので前置詞というよ。

get to 〜	〜に着く	listen to 〜	〜を聞く
get up	起きる	look at 〜	〜を見る
go to bed	寝る	look for 〜	〜をさがす

注意 2語や3語で1つの動詞の働きをすると考える。

1 日本語を参考にして、_____に適する語を右から選んで書きましょう。

やってみよう

(1) I _____ to music. （音楽を聞く）

(2) I _____ for my cat. （ネコをさがす）

(3) I _____ up at six. （6時に起きる）

(4) I _____ to bed at ten. （10時に寝る）

look / go
get / listen

2 (　　)内の語を並べかえて、正しい英文にして全文を書きましょう。

(1) We (look / flowers / at / beautiful) in the park.

_____

(2) I (to / school / get) at eight.

_____

□ to［トゥ］〜に　　□ up［アップ］上へ、上に　　□ at［アット］〜に向かって、（時間を表して）〜時（…分）に
□ bed［ベッド］ベッド　　□ for［フォァ］〜を求めて　　□ flower［フラウア］花
□ beautiful［ビューティフル］美しい　　□ in［イン］（場所を表して）〜で　　□ school［スクール］学校

20 一般動詞の否定文

月　　日

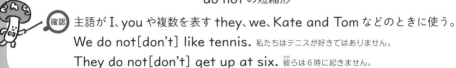

★ 一般動詞の否定文…〈 主語 + don't[do not] + 動詞〜. 〉

〈ふつうの文〉 I　　　　like soccer. 私はサッカーが好きてす。

↓ don't を動詞の前に

〈否定文〉 I **don't** like soccer. 私はサッカーが好きてはありません。

⋯do not の短縮形

確認 主語が I、you や複数を表す they、we、Kate and Tom などのときに使う。

We do not[don't] like tennis. 私たちはテニスが好きてはありません。

They do not[don't] get up at six. 彼らは6時に起きません。

1 次の文を否定文に書きかえるとき、＿＿＿＿に適する語を短縮形で書きましょう。

(1) I like baseball.

I ＿＿＿＿＿＿ like baseball.

(2) We play tennis in this park.

We ＿＿＿＿＿＿ play tennis in this park.

2 (　　)内の語を並べかえて、正しい英文にして全文を書きましょう。

(1) I (a / have / not / do) car.

＿＿＿＿＿＿＿＿＿＿＿＿＿＿＿＿＿＿＿＿＿＿

(2) They (watch / in / don't / TV) this room.

＿＿＿＿＿＿＿＿＿＿＿＿＿＿＿＿＿＿＿＿＿＿

(3) (up / get / we / don't) early on Sunday.

＿＿＿＿＿＿＿＿＿＿＿＿＿＿＿＿＿＿＿＿＿＿

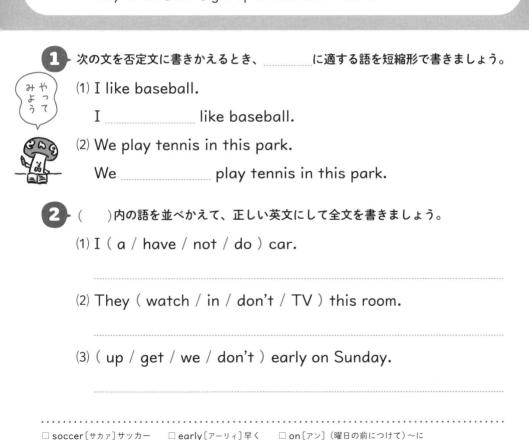

□ soccer[サカァ]サッカー　　□ early[アーリィ]早く　　□ on[アン] (曜日の前につけて)〜に
□ Sunday[サンデイ]日曜日

何問できた？　5 問中　　問

21 一般動詞の疑問文

月　日

★ 一般動詞の疑問文…〈 Do ＋ 主語 ＋ 動詞〜? 〉

ここ大事！

〈ふつうの文〉　You like baseball. あなたは野球が好きです。

　　　　　　　↓ Do を主語の前に

〈疑問文〉　**Do** you like baseball ?　あなたは野球が好きですか。

答えの文にも do を使うよ。

　　　　　　　　　　　　　　　　…クエスチョンマークに

〈答え方〉　Yes, I **do.** / No, I **don't[do not].**
　　　　　　はい、好きです。　　　　いいえ、好きではありません。

確認 答えの文の主語に注意。「あなたは？」➡「私は」、「あなたたちは？」➡「私たちは」、「トムとケンは？」➡「彼らは」など。

---

1 次の文を疑問文に書きかえるとき、＿＿＿に適する語を書きましょう。

やってみよう

(1) You play the piano.

　＿＿＿＿＿ you ＿＿＿＿＿ the piano?

(2) Your parents come here every day.

　＿＿＿＿＿ your parents ＿＿＿＿＿ here every day?

2 正しい問答文になるように、＿＿＿に適する語を書きましょう。

(1) ＿＿＿＿＿ you practice judo?

　── ＿＿＿＿＿, I do. I practice judo every day.

(2) ＿＿＿＿＿ you and Aki walk to school?

　── Yes, ＿＿＿＿＿ do.

(3) ＿＿＿＿＿ many people like this song?

　── No, they ＿＿＿＿＿.

□ come[カム]来る　　□ here[ヒア]ここに、ここで　　□ practice[プラクティス]練習する
□ walk to 〜　〜へ歩いて行く　　□ people[ピープル]人々　　□ song[ソング]歌

何問できた？　5 問中　　問

22 3人称単数現在形①

にんしょう

月　日

★ **主語が3人称単数…動詞の語尾に s か es がつく**

(確認) 3人称単数とは…he、she、it とこれらに置きかえられる人やもの。

ここ大事！

my father[brother、uncle]、Mr. ～など　➡ **he**

my mother[sister、aunt]、Ms.[Mrs.] ～など　➡ **she**

my computer、your bike、his book など　➡ **it**

my brothers や my sisters、his books などは複数だから3人称単数ではないね。

s や es のつけ方

・ふつうは s：play ➡ plays / like ➡ likes / swim ➡ swims

・s、x、sh、ch で終わる語は es をつける：pass ➡ passes / wash ➡ washes / teach ➡ teaches

es をつけるものには注意！

1 次の語の3人称単数形を、＿＿＿＿に書きましょう。

やってみよう

(1) come ＿＿＿＿　　(2) run ＿＿＿＿　　(3) teach ＿＿＿＿

(4) play ＿＿＿＿　　(5) use ＿＿＿＿　　(6) know ＿＿＿＿

(7) look ＿＿＿＿　　(8) get ＿＿＿＿　　(9) watch ＿＿＿＿

2 (　　)内の語を必要に応じて、適する形にかえて全文を＿＿＿＿に書きましょう。

(1) Kate (listen) to music every day.

＿＿＿＿＿＿＿＿＿＿＿＿＿＿＿＿＿＿＿＿

(2) Mr. Yamada (wash) this car on Sunday.

＿＿＿＿＿＿＿＿＿＿＿＿＿＿＿＿＿＿＿＿

(3) My mother and father (like) this movie.

＿＿＿＿＿＿＿＿＿＿＿＿＿＿＿＿＿＿＿＿

□ uncle[アンクル]おじ　　□ aunt[アント]おば　　□ pass[パス]通る、わたす
□ wash[ワッシュ]洗う　　□ teach[ティーチ]教える　　□ movie[ムーヴィ]映画

何問できた？　12 問中　　問

23 3人称単数現在形②

ここ大事！

★ 注意する3人称単数の形！

● 〈 子音字＋y 〉で終わる語…y を i にかえて es

study ➡ studies　try ➡ tries

● o で終わる語…es をつける　　●特別な形になる語

go ➡ goes　do ➡ does　　　　have ➡ has

study は、子音字が d、続く y が i になり、es が続く！

1 （　　）内から適する語を選び、〇でかこみましょう。

やってみよう

(1) My brother (knows / knowes) Tom's sister.

(2) Amy (dos / does) her homework every day.

(3) Ms. Green (lives / livees) in Kyoto.

(4) A lot of teachers (use / uses) this room.

2 下線部の語を（　　）内の語にかえて、全文を＿＿＿＿に書きましょう。

(1) I go to school every day.　（Ken）

＿＿＿＿＿＿＿＿＿＿＿＿＿＿＿＿＿＿＿＿＿＿＿＿＿

(2) We study English every day.　（Aya）

＿＿＿＿＿＿＿＿＿＿＿＿＿＿＿＿＿＿＿＿＿＿＿＿＿

(3) They have a lot of friends in Japan.　（She）

＿＿＿＿＿＿＿＿＿＿＿＿＿＿＿＿＿＿＿＿＿＿＿＿＿

(4) His sons try anything new.　（son）

＿＿＿＿＿＿＿＿＿＿＿＿＿＿＿＿＿＿＿＿＿＿＿＿＿

☐ try［トゥライ］試す　　☐ do one's homework　宿題をする　　☐ live［リヴ］住んでいる
☐ a lot of ～　たくさんの～　　☐ son［サン］息子　　☐ anything new　新しいものはなんでも

24 3人称単数現在形の否定文

にんしょう

月　日

★ 3人称単数現在形の否定文

…〈 主語 ＋ doesn't［does not］＋ 動詞の原形〜. 〉

〈ふつうの文〉　He　　　　likes soccer. 彼はサッカーが好きてす。

↓ doesn't を動詞の前に

〈否定文〉　He **doesn't** like soccer.

does not の短縮形　　　　　　動詞はもとの形に

彼はサッカーが好きてはありません。

(確認) doesn't［does not］を使ったあとには、必ず動詞のもとの形がくる。

He doesn't［does not］×likes soccer.

doesn't［does not］だけで
主語が3人称単数だとわかるよ。

---

1 次の文を否定文に書きかえるとき、_____に適する語を短縮形で書きましょう。

(1) Ms. Aoki lives in London.

Ms. Aoki _____ live in London.

(2) My father knows about this town.

My father _____ know about this town.

2 (　　)内の語を並べかえて、正しい英文にして全文を書きましょう。

(1) He (not / English / speak / does) at home.

_____

(2) Emma (many / have / doesn't / books / in) her room.

_____

(3) My (doesn't / father / use / this) computer.

_____

- -

□ about［アバウト］〜について　　□ town［タウン］町、街　　□ home［ホウム］家、家庭
□ at home 家で（は）

解答 → P.90

何問できた？　5 問中　　問

25 3人称単数現在形の疑問文

にんしょう

月　日

> **★ 3人称単数の疑問文…〈 Does + 主語 + 動詞の原形〜？ 〉**
>
> 〈ふつうの文〉　　Emi likes tennis. エミはテニスが好きです。
>
> ⬇ Does を主語の前に
>
> 〈疑問文〉　　**Does** Emi **like** tennis **?** エミはテニスが好きですか。
>
> 動詞は原形に……　　　　　……クエスチョンマークに
>
> 〈答え方〉　　Yes, she **does**. / No, she **doesn't**[**does not**].
> はい、好きです。　　　　　　いいえ、好きではありません。

ここ大事！

Yes や No のあとの
コンマ (,) も忘れない！

(確認) 答えの文の主語は代名詞（he や she など）にすることを確認しよう。

---

1 次の文を疑問文に書きかえるとき、_____ に適する語を書きましょう。

やってみよう

(1) Ken cleans his room.

_____ Ken _____ his room?

(2) Mr. Hayashi comes home early.

_____ Mr. Hayashi _____ home early?

2 正しい問答文になるように、_____ に適する語を書きましょう。

(1) _____ Emi study English hard?

── _____ , she does.

She _____ English hard every day.

(2) _____ Bob have many brothers and sisters?

── No, he _____ .

He _____ only one brother.

. . . .

□ clean [クリーン] そうじする　　□ come home　帰宅する　　□ hard [ハード] 一生けんめいに
□ only [オウンリィ] たった〜だけ

26 確認問題2

うでだめし やってみよう

表裏 10分!

月　日

1 各文に適する語を下から選んで、＿＿＿＿＿に書きましょう。ただし、必要に応じて形をかえること。同じ語は2度使わないこと。　　[(1)(2)各5点・他は各6点×3問]

(1) Judy and I ＿＿＿＿＿ the piano every day.

(2) My mother ＿＿＿＿＿ these rooms in the morning.

(3) Ken ＿＿＿＿＿ a lot of books in his room.

(4) Ms. Miller ＿＿＿＿＿ English and math.

(5) Riku ＿＿＿＿＿ this computer every day.

> teach　play　use　have　clean

2 〔　　〕内の指示にしたがって、書きかえましょう。　　[各6点×4問]

(1) I go to the park every day. 〔下線部を Helen にかえて〕

＿＿＿＿＿＿＿＿＿＿＿＿＿＿＿＿＿＿＿＿＿

(2) You get up early on Sunday. 〔疑問文に〕

＿＿＿＿＿＿＿＿＿＿＿＿＿＿＿＿＿＿＿＿＿

(3) His brother washes his bike here. 〔否定文に〕

＿＿＿＿＿＿＿＿＿＿＿＿＿＿＿＿＿＿＿＿＿

(4) Yes, I do. I watch TV every day.

〔この文が答えとなるような疑問文に〕

＿＿＿＿＿＿＿＿＿＿＿＿＿＿＿＿＿＿＿＿＿

\ヒント/

2 (1) 主語が3人称単数になる。go は s をつけるだけではない。
(4) 「はい、見ます。私は（毎日）テレビを見ます。」が答えとなる疑問文にする。

裏面に続くよ

3 日本文に合うように、＿＿＿＿に適する語を書きましょう。 ［各6点×4問］

(1) 彼はこの部屋で宿題をしません。

He ＿＿＿＿＿＿＿＿＿＿ his homework in this room.

(2) 私たちは日曜日には音楽を聞きません。

We ＿＿＿＿＿＿＿＿＿＿ to music on Sunday.

(3) あなたたちは8時に学校へ着きますか。

＿＿＿＿＿＿＿＿＿＿ get to school at eight?

(4) ((3)に答えて) —— いいえ、着きません。

No, ＿＿＿＿＿＿＿＿＿＿.

4 日本文に合うように、(　　)内の語を並べかえて、全文を書きましょう。
［各6点×4問］

(1) あなたは英語とフランス語を話しますか。

(speak / and / you / do / English / French / ?)

＿＿＿＿＿＿＿＿＿＿＿＿＿＿＿＿＿＿＿＿＿

(2) エマはお母さんを手伝いません。

(her / help / does / Emma / mother / not / .)

＿＿＿＿＿＿＿＿＿＿＿＿＿＿＿＿＿＿＿＿＿

(3) あなたのお父さんは毎日早く帰りますか。

(father / home / your / does / early / come) every day?

＿＿＿＿＿＿＿＿＿＿＿＿＿＿＿＿＿＿＿＿＿

(4) ((3)に答えて) —— いいえ、帰りません。

(he / doesn't / no / , / .)

＿＿＿＿＿＿＿＿＿＿＿＿＿＿＿＿＿＿＿＿＿

＼ヒント／

3 (1)「宿題をする」は do one's homework。
4 (1) 主語は you で3人称単数ではない。

27 現在進行形①

月　　日

★ 現在進行形「私は(今)〜しています[しているところです]」
…〈 I'm[I am] 〜ing (now). 〉

ここ大事！

〈ふつうの文〉 I　　cook dinner every day.　私は毎日夕食を料理します。

↓ be動詞 am

〈現在進行形〉 I **am cooking** dinner now.

動詞の原形に ing……　　　　時を表す語句もかわる

私は今夕食を料理しています。

nowは「今」の意味で、現在進行形の文によく使われるよ。

---

1 次の文を現在進行形の文に書きかえるとき、＿＿＿＿に適する語を書きましょう。

やってみよう

(1) I clean my room.

I ＿＿＿＿＿＿＿＿＿＿＿ my room.

(2) I walk to school.

I ＿＿＿＿＿＿＿＿＿＿＿ to school.

2 (　　)内の語を並べかえて、正しい英文にして全文を書きましょう。

(1) (am / singing / I) an English song now.

＿＿＿＿＿＿＿＿＿＿＿＿＿＿＿＿＿＿＿＿＿＿＿

(2) (doing / my / I'm / homework) in my room.

＿＿＿＿＿＿＿＿＿＿＿＿＿＿＿＿＿＿＿＿＿＿＿

(3) (a / reading / book / I'm) now.

＿＿＿＿＿＿＿＿＿＿＿＿＿＿＿＿＿＿＿＿＿＿＿

☐ cook[クック]料理する　☐ dinner[ディナァ]夕食、ディナー
☐ sing[スィング]歌う　☐ read[リード]読む

何問できた？ 5問中　　問

28 現在進行形②

月　日

> **ここ大事！** ★ 現在進行形の **be** 動詞は主語に合わせて使い分け！
>
> He is cooking now. 彼は今料理をしています。
>
> We are cooking now. 私たちは今料理をしています。
>
> 確認 主語と be 動詞の関係は本書 ⑦～⑩ を参照。

動詞の ing 形の作り方

たいていの語	そのまま ing	play ➡ playing
〈子音字 + e〉で終わる語	e をとって ing	write ➡ writing
〈短母音＋子音字〉で終わる語	子音字を重ねて ing	swim ➡ swimming
ie で終わる語	ie を y にかえて ing	die ➡ dying

1 やってみよう

＿＿＿＿ に am、is、are のいずれかを補って、英文を完成しましょう。

(1) I ＿＿＿＿ cleaning his room.　(2) He ＿＿＿＿ playing tennis.

(3) We ＿＿＿＿ watching TV.　(4) You ＿＿＿＿ studying math.

2 （　）内の語を並べかえて、正しい英文にして全文を書きましょう。ただし、下線部の語は～ing 形にすること。また、（　）内には1語ずつ不要な語があります。

(1) (am / write / I / is) a letter to my mother.

＿＿＿＿＿＿＿＿＿＿＿＿＿＿＿＿＿＿＿＿＿＿＿＿＿＿＿

(2) (they / am / swim / are) in the sea.

＿＿＿＿＿＿＿＿＿＿＿＿＿＿＿＿＿＿＿＿＿＿＿＿＿＿＿

(3) (is / Kate / are / make) a doll.

＿＿＿＿＿＿＿＿＿＿＿＿＿＿＿＿＿＿＿＿＿＿＿＿＿＿＿

□ write [ライト] 書く　　□ die [ダイ] 死ぬ　　□ math [マス] 数学
□ letter [レタァ] 手紙　　□ sea [スィー] 海　　□ make [メイク] 作る　　□ doll [ダル] 人形

何問できた？　7 問中　　問

29 現在進行形の否定文と疑問文

ここ大事！

★ 現在進行形の否定文…〈 主語 ＋ be 動詞 ＋ not ＋ 〜ing …. 〉

He is 　　　 playing tennis. 彼はテニスをしています。

He is **not** playing tennis. 彼はテニスをしていません。

★ 現在進行形の疑問文…〈 be 動詞 ＋ 主語 ＋ 〜ing …? 〉

Is he playing tennis? 彼はテニスをしていますか。

〈答え方〉 Yes, he **is**. / No, he **isn't** [**is not**].
はい、しています。　　　いいえ、していません。

be 動詞を使って答えるよ。

注意 短縮形に注意：he [she] is not ➡ he [she] isn't / he's [she's] not
we [they] are not ➡ we [they] aren't / we're [they're] not

---

1 次の文を否定文に書きかえるとき、＿＿＿＿に適する語を書きましょう。

やってみよう

(1) We are studying science now.

We ＿＿＿＿＿ ＿＿＿＿＿ ＿＿＿＿＿ science now.

(2) Tony is doing his homework now.

Tony ＿＿＿＿＿ ＿＿＿＿＿ his homework now.

2 正しい問答文になるように、＿＿＿＿に適する語を書きましょう。

(1) ＿＿＿＿＿ you talking about our new teacher?

—— ＿＿＿＿＿, we are.

(2) ＿＿＿＿＿ your sister swimming in the river now?

—— No, she ＿＿＿＿＿.

(3) ＿＿＿＿＿ Amy and Emma playing basketball?

—— No, ＿＿＿＿＿ aren't.

□ science [サイエンス] 理科　　□ talk [トーク] 話す　　□ talk about 〜　〜について話す　　□ river [リヴァ] 川

30 現在形と現在進行形

月　日

ここ大事!

★ 現在形…現在の習慣や現在の事実

↔ 現在進行形…今現在、進行中の動作を表す!

He plays tennis every day. 彼は毎日テニスをします。〈習慣〉

↔ **He is playing tennis now.** 彼は今テニスをしています。〈進行中の動作〉

確認 進行形にしない動詞…次の動詞は、進行形にしなくても「その状態が続いていることを表す」ので、現在形!

know 知っている　like 好きである　want ほしい
love 大好きである　see 見える　hear 聞こえる

注意 have は「持っている」の意味では進行形にしないが、「食べる、飲む」などの意味では進行形にすることができる。

---

1 次の(1)・(2)の英文の意味を、ちがいがわかるように日本文になおしましょう。

やってみよう

(1) He studies English every day.

(　　　　　　　　　　　　　　　　　　　　)

(2) He is studying English in his room now.

(　　　　　　　　　　　　　　　　　　　　)

2 (　　)内から適する語句を選び、○でかこみましょう。

(1) My father (knows / is knowing) a lot about your country.

(2) Mami is (cleans / cleaning) the kitchen now.

(3) Hayato (wants / is wanting) a new bike.

(4) I (see / am seeing) a lot of people in the park.

(5) I (have / am having) lunch with Ken in the park now.

□ a lot　たくさん (のこと)　　□ kitchen [キチン] 台所　　□ lunch [ランチ] 昼食、ランチ
□ with [ウィズ] ～と (いっしょに)

何問できた？　7問中　　問

31 can ①

★「〜することができる。」…〈 主語 + can + 動詞の原形 〜. 〉

ここ
大事!

〈ふつうの文〉　　I　　　play soccer.　私はサッカーをします。

↓ can を動詞の前に

〈「できる」の文〉　I **can** play soccer. 私はサッカーをすることができます。

⋯動詞の原形

can のような動詞の意味を補助するものを「助動詞」というよ。

確認 can の文には副詞の well じょうずに、うまく がよくいっしょに使われる。

1 can を使った文に書きかえるとき、　　　　に適する語を書きましょう。

やってみよう

(1) I cook curry.

　　I _____ curry.

(2) You run fast.

　　You _____ fast.

(3) We play basketball in the gym.

　　We _____ basketball in the gym.

2 (　　)内の語句を並べかえて、正しい英文にして全文を書きましょう。

(1) We (to / go / the gym / can) today.

_____

(2) They (speak / can / languages / three) well.

_____

(3) I (school / get / can / to) by eight.

_____

□ curry [カリィ] カレー　　□ fast [ファスト] 速く　　□ gym [ヂム] 体育館、ジム
□ language [ラングウィッヂ] 言語　　□ by [バイ] (時間について)〜までに

32 can ②

★ 主語が3人称単数でも 〈 主語＋can＋動詞の原形 〜. 〉

ここ大事！

〈ふつうの文〉　He　　　plays soccer. 彼はサッカーをします。
　　　　　　　　↓ can を動詞の前に
〈can の文〉　　He **can** play soccer. 彼はサッカーをすることができます。
　can に s はつかない　　　　動詞の原形（s はつかない）

注意 can には能力や可能のほかに、「〜してもよい」と許可を表すこともある。
You can use my computer today. 今日は私のコンピュータを使ってもいいですよ。

1 can を使った文に書きかえるとき、＿＿＿＿に適する語を書きましょう。

やってみよう

(1) Jane plays the violin very well.

Jane ＿＿＿＿＿＿＿＿＿＿＿＿＿ the violin very well.

(2) Tom watches the stars at night.

Tom ＿＿＿＿＿＿＿＿＿＿＿＿＿ the stars at night.

(3) She has lunch in the park.

She ＿＿＿＿＿＿＿＿＿＿＿＿＿ lunch in the park.

2 (　)内の語を並べかえて、正しい英文にして全文を書きましょう。ただし、
(　)内には1語ずつ不要な語があります。

(1) She (help / her / mother / helps / can) in the evening.

＿＿＿＿＿＿＿＿＿＿＿＿＿＿＿＿＿＿＿＿

(2) My brother (get / up / can / cans / early) every day.

＿＿＿＿＿＿＿＿＿＿＿＿＿＿＿＿＿＿＿＿

□ violin [ヴァイオリン] バイオリン　　□ star [スター] 星　　□ night [ナイト] 夜、晩
□ at night 夜に　　□ evening [イーヴニング] 夕方、晩

何問できた？　5 問中　　問

33 can の否定文

★ can の否定文…〈 主語 + can't[cannot] + 動詞の原形 ～. 〉

ここ大事！

〈ふつうの文〉　He can play soccer. 彼はサッカーをすることができます。

↓ can を can't[cannot] に

〈否定文〉　He **can't** play soccer.

cannot = ⋯⋯⋯⋯　⋯⋯動詞は原形

肯定文でも否定文でも動詞は原形だよ。

彼はサッカーをすることができません。

注意 can not と 2 語で使うことはふつうしない。

1 次の文を否定文に書きかえるとき、＿＿＿ に適する語を書きましょう。

やってみよう

(1) I can drive a car.

I ＿＿＿＿＿＿ a car.

(2) My sister can sing this English song.

My sister ＿＿＿＿＿＿ this English song.

(3) You can open this box.

You ＿＿＿＿＿＿ this box.

2 ( )内の語を並べかえて、正しい英文にして全文を書きましょう。

(1) Beth (write / can't / *kanji* / well).

＿＿＿＿＿＿

(2) (cannot / school / we / to / walk) today.

＿＿＿＿＿＿

(3) (in / can't / you / tennis / play) this park.

＿＿＿＿＿＿

□ drive [ドゥライヴ] 運転する　□ open [オウプン] 開ける

何問できた？　6 問中　問

34 can の疑問文

月　　日

★ can の疑問文…〈 Can ＋主語＋動詞の原形 ～？〉

ここ
大事！

〈ふつうの文〉　You can play tennis. あなたはテニスをすることができます。

……… can を主語の前に

〈疑問文〉　Can you play tennis? あなたはテニスをすることができますか。

〈答え方〉　Yes, I can. / No, I can't[cannot].
はい、できます。　　いいえ、できません。

注意 Can you ～? は「～してくれますか[～してくれませんか]。」と依頼するときに、
Can I ～? は「～してもいいですか」と許可を求めるときにも使う。

---

1 次の文を疑問文に書きかえるとき、＿＿＿＿＿に適する語句を書きましょう。

やってみよう

(1) Emi can use this dictionary.

＿＿＿＿＿＿＿＿＿＿＿＿＿＿＿＿＿＿＿＿＿＿＿ this dictionary?

(2) You can send this email.

＿＿＿＿＿＿＿＿＿＿＿＿＿＿＿＿＿＿＿＿＿＿＿ this email?

(3) That boy can swim fast.

＿＿＿＿＿＿＿＿＿＿＿＿＿＿＿＿＿＿＿＿＿＿＿ fast?

2 正しい問答文になるように、＿＿＿＿＿に適する語を書きましょう。

(1) Can Ms. Hara speak French well?

―― Yes, ＿＿＿＿＿＿＿＿＿＿＿＿＿＿＿.

(2) Can you run fast?

―― No, ＿＿＿＿＿＿＿＿＿＿＿＿＿＿＿.

□ dictionary [ディクショネリィ] 辞書　　□ send [センド] 送る　　□ email [イーメイル] E メール

35 命令文①

月　日

★ 命令文…「〜しなさい」と命令する文。動詞の原形で文を始める！

ここ大事！

〈ふつうの文〉　You　play soccer here. あなたはここでサッカーをします。
　　　　　　　　　　↓　↓動詞の原形
〈命令文〉　省略　Play soccer here. ここでサッカーをしなさい。
〈be 動詞〉　省略　Be kind to them. 彼らに親切にしなさい。
　　　　　　　　　　be 動詞の原形は be

文の最初の文字は大文字だよ。

注意 please をつけると「〜してください」の意味になる。
文末に置くときはその前に (,)。
Sing this song, **please.** = **Please** sing this song.
この歌を歌ってください。

1　次の文を命令文に書きかえるとき、＿＿＿に適する語を書きましょう。

やってみよう

(1) You open this box.　＿＿＿＿＿＿ this box.

(2) You use this pencil.　＿＿＿＿＿＿ this pencil.

(3) You are quiet in this room

＿＿＿＿＿＿ ＿＿＿＿＿＿ in this room.

2　(　)内の語を並べかえて、正しい英文にして全文を書きましょう。

(1) (early / get / up) tomorrow morning, Ken.

＿＿＿＿＿＿＿＿＿＿＿＿＿＿＿＿＿＿

(2) (go / bed / early / to) tonight, please.

＿＿＿＿＿＿＿＿＿＿＿＿＿＿＿＿＿＿

(3) (careful / in / be) Tokyo.

＿＿＿＿＿＿＿＿＿＿＿＿＿＿＿＿＿＿

□ kind [カインド] 親切な　　□ please [プリーズ] どうぞ、どうか　　□ quiet [クワイエト] 静かな
□ tomorrow [トゥマロウ] 明日　　□ tonight [トゥナイト] 今夜　　□ careful [ケアフル] 注意深い

36 命令文②

★ 禁止の命令文「～してはいけません。」…〈 Don't ＋動詞の原形 ～. 〉

Don't play soccer here. ここでサッカーをしてはいけません。

　↑ Don't を動詞の原形の前に

★ 相手をさそう文「～しましょう。」…〈 Let's ＋動詞の原形 ～. 〉

Let's play soccer here. ここでサッカーをしましょう。

　↑ Let's を動詞の原形の前に

1 〔　　〕内の指示にしたがって書きかえるとき、＿＿＿に適する語を書きましょう。

(1) You open this box. 〔禁止を表す命令文に〕

＿＿＿＿＿＿＿＿＿ this box.

(2) You are a bad boy. 〔禁止を表す命令文に〕

＿＿＿＿＿＿＿＿＿ a bad boy.

(3) We sing this song together. 〔「～しましょう。」とさそう文に〕

＿＿＿＿＿＿＿＿＿ this song together.

2 (　　)内の語を並べかえて、正しい英文にして全文を書きましょう。

(1) (my / don't / computer / use) today, please.

＿＿＿＿＿＿＿＿＿＿＿＿＿＿＿＿＿

(2) (be / don't / late) for school, Shota.

禁止の命令文にも please を使うことができるよ。

＿＿＿＿＿＿＿＿＿＿＿＿＿＿＿＿＿

(3) (the / to / let's / library / go) together.

＿＿＿＿＿＿＿＿＿＿＿＿＿＿＿＿＿

. . . .

□ bad[バッド]悪い　　□ together[トゥゲザァ]いっしょに　　□ late[レイト]遅い
□ be late for ～　～に遅れる

37 確認問題3

 うでだめし やってみよう

 表裏 10分! 月 日

① ( )内の語を必要に応じて適する形にかえて、 に書きましょう。

[各4点×6問]

(1) We are _____ in the river. （swim）

(2) My teacher _____ about computers well. （know）

(3) Mr. Honda is _____ a book about Japan. （write）

(4) _____ kind to old people. （are）

(5) Mio is _____ lunch now. （make）

(6) He can _____ basketball very well. （play）

② 〔 〕内の指示にしたがって、書きかえましょう。

[各6点×4問]

(1) You drive my car. 〔禁止の命令文に〕

_____

(2) Jane reads *kanji* and *kana*. 〔can を使った文に〕

_____

(3) I use my new computer. 〔現在進行形の文に〕

_____

(4) Yes, I can. I can play the violin.

〔この文が答えとなるような疑問文に〕

_____

\ヒント/

① (1)(3)(5) 〜ing の形に注意する。ing をつけるだけではない。

② (4)「はい、できます。私はバイオリンをひくことができます。」が答えとなる疑問文にする。

裏面に続くよ

3 日本文に合うように、＿＿＿＿に適する語を書きましょう。 [各6点×4問]

(1) 私は今宿題をしているところです。

＿＿＿＿＿＿＿＿＿＿ my homework now.

(2) 学校に遅れては〔遅刻しては〕いけません。

＿＿＿＿＿＿＿＿＿＿ late for school.

(3) あなたの弟さんは英語を話すことができますか。

＿＿＿＿＿＿ your brother ＿＿＿＿＿＿ English?

(4) ((3)に答えて) ── いいえ、できません。

＿＿＿＿＿＿, he ＿＿＿＿＿＿.

4 日本文に合うように、(　　)内の語を並べかえて、全文を書きましょう。[各7点×4問]

(1) 明日の朝、私の母を手伝ってくれますか。

(help / mother / you / my / can / tomorrow) morning?

＿＿＿＿＿＿＿＿＿＿＿＿＿＿＿＿＿＿

(2) ナミは公園で走っているところではありません。

(is / in / park / Nami / the / not / running / .)

＿＿＿＿＿＿＿＿＿＿＿＿＿＿＿＿＿＿

(3) この音楽をいっしょに聞きましょう。

(to / together / music / let's / listen / this / .)

＿＿＿＿＿＿＿＿＿＿＿＿＿＿＿＿＿＿

(4) 私の父はこの歌をじょうずに歌うことができません。

(father / can't / well / sing / my / song / this / .)

＿＿＿＿＿＿＿＿＿＿＿＿＿＿＿＿＿＿

\ヒント/

4 (1) can を使って依頼する文にする。
(3)「～を聞く」は listen to ～で表す。

何点とれた？ ＿＿＿ 点

38 疑問詞疑問文 what ①

月　日

> 複数形なら、
> What are these?
> – They are watches.
> のようになるよ。

★「何ですか？」とたずねる文…〈 What＋疑問文の語順〜？ 〉

ここ大事！

〈ふつうの文〉 This is a watch. これはうで時計です。

この部分がわからないので what に

〈What? 文〉 **What is this ?** これは何ですか。（What is ＝ What's）

疑問文の語順に……　……クエスチョンマークに

〈答え方〉 **It's[It is] a watch.** それはうで時計です。

確認 一般動詞、現在進行形、can の文でも what のあとに疑問文の語順を続ける。

What are you doing? — I'm playing tennis. 何をしていますか。— テニスをしています。

What can you play? — I can play tennis. 何ができますか。— テニスができます。

---

1 下線部をたずねる疑問文に書きかえるとき、_____ に適する語を書きましょう。

やってみよう

(1) That is a bird.

_____ is _____ ?

(2) He cooks curry on Saturday.

_____ _____ he cook on Saturday?

(3) Ann can write *kana*.

_____ _____ Ann write?

2 (　) 内の語を並べかえて、正しい英文にして全文を書きましょう。

(1) (are / what / those) animals?

_____

(2) (he / doing / is / what) here?

_____

. . . .

□ watch[ワッチ]うで時計　□ Saturday[サタデイ]土曜日　□ animal[アニマル]動物

何問できた？　5 問中　　問

39 疑問詞疑問文 what ②

ここ大事！

★〈 What ＋名詞＋疑問文の語順 〜？ 〉

● What time 何時(に)：時刻

What time is it**?** — It's[It is] nine (o'clock). 何時ですか。— 9時です。

What time do you get up**?** — I get up at six thirty.

あなたは何時に起きますか。— 6時30分に起きます。

● What day 何曜日に：曜日

What day is (it) today**?** — It's Sunday. 今日は何曜日ですか。— 日曜日です。

● What's the date 何日に：日付

What's the date today**?** — It's August 10.

今日は (何月) 何日ですか。— 8月10日です。

---

1 次の英文を日本文になおすとき、(　　)内に適する日本語を書きましょう。

やってみよう

(1) What time do you get to school? —— At eight ten.

あなたは (　　　　　　　　　) 学校に着きますか。——8 時10分に着きます。

(2) What's the date today? —— It's July 20.

今日は (　　　　　　　　　　　　　　) ですか。——7 月20日です。

2 正しい問答文になるように、＿＿＿＿に適する語を書きましょう。

(1) What ＿＿＿＿＿＿＿ is ＿＿＿＿＿＿＿ now?

—— It's seven in the morning.

(2) ＿＿＿＿＿＿＿ ＿＿＿＿＿＿＿ is it today?

—— It's Friday.

. . . .

□ time[タイム]時間　□ o'clock[オクラック]〜時 (分がつかないときに使う)　□ date[デイト]日付
□ August[オーガスト]8月　□ July[デュライ]7月　□ Friday[フライデイ]金曜日

40 疑問詞疑問文 who

月　　日

ここ大事！

★「だれですか？」とたずねる文…〈 Who + be 動詞 + 主語？ 〉

〈ふつうの文〉　That boy is Kenta. あの少年はケンタです。

この部分がわからないので who に

〈Who? の文〉　**Who is that boy** ? あの少年はだれですか。（Who is = Who's）

疑問文の語順に　　　　　　　　クエスチョンマークに

〈答え方〉　**He is[He's]** Kenta. 彼はケンタです。

★「だれが～しますか？」とたずねる文…〈 Who + 一般動詞(e)s ～？ 〉

Who cooks curry well? だれがじょうずにカレーを料理しますか。

〈答え方〉 I **do.** 私がします。 / Mayu **does.** マユがします。

1 正しい問答文になるように、＿＿＿＿に適する語を書きましょう。

やってみよう

(1) ＿＿＿＿＿＿＿＿＿＿＿ this tall student?

He is my brother Shohei.

(2) ＿＿＿＿＿＿＿＿＿＿＿ dinner on weekends?

My sister and I do. We usually cook curry on weekends.

2 （ ）内の語を並べかえて、正しい英文にして全文を書きましょう。

(1) (is / your / who / English) teacher?

＿＿＿＿＿＿＿＿＿＿＿＿＿＿＿＿＿＿＿＿＿＿＿＿＿＿＿

(2) (has / dogs / who / two) at home?

＿＿＿＿＿＿＿＿＿＿＿＿＿＿＿＿＿＿＿＿＿＿＿＿＿＿＿

(3) (that / girl / who's / in) the classroom?

＿＿＿＿＿＿＿＿＿＿＿＿＿＿＿＿＿＿＿＿＿＿＿＿＿＿＿

□ tall［トール］背の高い　　□ weekend［ウィーケンド］週末　　□ usually［ユージュアリィ］たいてい
□ classroom［クラスルーム］教室

何問できた？ 5 問中　　問

41 疑問詞疑問文 whose

月　日

ここ大事！

★ 「だれの〜ですか？」とたずねる文…〈 Whose ＋名詞＋疑問文の語順 **？**〉

〈疑問文〉 **Is this your book?** これはあなたの本ですか。

〈Whose? の文〉 **Whose book is this** **?** これはだれの本ですか。
　〈Whose ＋名詞〉… 　　　　　……疑問文の語順に

〈答え方〉 It is **mine**[my book]. それは私のもの〔私の本〕です。

確認 「〜のもの」は、人名は〈's〉をつけて Ken's のようにする。
代名詞は次のようになる。

〜のもの	単数	mine 私のもの	yours あなたのもの	his 彼のもの	hers 彼女のもの
	複数	ours 私たちのもの	yours あなたたちのもの	theirs 彼らのもの 　　　 彼女たちのもの	

1 日本語を参考にして、＿＿＿＿＿に適する語を1語ずつ書きましょう。

やってみよう

(1) This bike is ＿＿＿＿＿. （彼のもの）

(2) That car is ＿＿＿＿＿. （あなたのもの）

(3) This pencil is ＿＿＿＿＿. （彼女のもの）

(4) That house is ＿＿＿＿＿. （彼らのもの）

2 正しい問答文になるように、＿＿＿＿＿に適する語を書きましょう。

(1) Is this your textbook?

　—— No. It's not ＿＿＿＿＿. It's Ken's.

friends だから複数形だよ。

(2) ＿＿＿＿＿ friends are those over there?

　—— They are my friends.

・・・

□ house[ハウス]家　　□ textbook[テクストブック]教科書　　□ over there 向こう（の、に）

42 疑問詞疑問文 when

★「いつ？」とたずねる文…〈 When ＋疑問文の語順〜？ 〉

ここ大事！

〈When の文〉 **When** is your birthday? あなたの誕生日はいつですか。

疑問文の語順に…

〈答え方〉 **It's** July 7. 7月7日です。

> 月日の「日」のほうは、
> 読むときは順序を表す言い方に。
> この文の「7」はseventh[セヴンス]と読む。

●その他の When で始まる疑問文

When do you practice tennis? — Every Saturday.

あなたはいつテニスを練習しますか。 — 毎週土曜日にします。

注意 答えの文で、主語や動詞がわかりきっているときは省略できる。

1 次の英文を日本文になおすとき、（　　　）内に適する日本語を書きましょう。

やってみよう

(1) When is your birthday party? —— It's on August 5.

あなたの（　　　　　　　　　　　　　　　　　　　　）。—— 8月5日です。

(2) When do you listen to music? —— After dinner.

あなたは（　　　　　　　　　　　　　　　　　　　　）。—— 夕食後です。

2 正しい問答文になるように、＿＿＿＿＿に適する語を書きましょう。

(1) ＿＿＿＿＿＿＿ ＿＿＿＿＿＿＿ the summer festival?

　　—— It's from August 2 to 5.

(2) ＿＿＿＿＿＿＿ ＿＿＿＿＿＿＿ you open the windows?

　　—— I open the windows before breakfast.

• •

□ birthday[バースデイ]誕生日　　□ party[パーティ]パーティー　　□ after[アフタァ]〜のあとに
□ summer festival　夏祭り　　□ from 〜 to …　〜から…まで　　□ window[ウィンドウ]窓
□ before[ビフォーァ]〜の前に　　□ breakfast[ブレックファスト]朝食

何問できた？ 4 問中　　問

43 疑問詞疑問文 where

月　日

★「どこ？」とたずねる文 …〈 Where ＋ 疑問文の語順 〜? 〉

〈 Where の文 〉　**Where** is Hinata? ヒナタはどこにいますか。

疑問文の語順に

〈答え方〉　She's **in** her room. 自分の部屋にいます。

Where 〜? で使われる
be 動詞は「(〜に) いる、ある」
の意味で存在を表す。

注意 Where 〜? の答えの文でも、わかりきっている主語や動詞は、省略してもよい。

Where can we see the picture? ― **At** this museum.

どこてその絵を見ることができますか。　　　　　　 ― この美術館て見ることができます。

---

1 次の英文を日本文になおすとき、(　　)内に適する日本語を書きましょう。

(1) Where is your new house? ― It's near the library.

あなたの (　　　　　　　　　　　　　　　　　　　　　)。

―― 図書館の近くにあります。

(2) Where do you live? ― I live in Sapporo.

あなたは (　　　　　　　　　　　　　　　　　　　　　)。

―― 私は札幌に住んでいます。

2 正しい問答文になるように、＿＿＿＿に適する語を書きましょう。

(1) ＿＿＿＿＿ ＿＿＿＿＿ your mother?

―― She's in the living room with Liz.

(2) ＿＿＿＿＿ ＿＿＿＿＿ she watching TV?

―― She's watching TV in her room.

□ picture[ピクチァァ]絵、写真　　□ museum[ミューズィアム]博物館、美術館
□ near[ニア]〜の近くに　　□ living room 居間

何問できた？　4 問中　　問

44 疑問詞疑問文 how ①

月　　日

こ こ 大 事！

★「どうですか？」と現在の体調や天気をたずねる文

…〈 How＋is[are]＋主語？ 〉

How's[How is] your mother**?** — She's fine.
お母さんのようすはどうですか。　　　　　　　　　— 元気にしています。

How's the weather in Kyoto**?** — It's sunny.
京都の天気はどうですか。　　　　　　　　　　　— 晴れています。

主語が複数に なると are を使う。 **How are your parents?** など。

★「どのようにして？」と手段、方法をたずねる文

…〈 How＋疑問文の語順〜？ 〉

How do you come to school**?** — By bike.
あなたはどのようにして学校に来ますか。　　　　— 自転車で来ます。

1 次の英文を日本文になおすとき、（　　　）内に適する日本語を書きましょう。

や っ て み よ う

(1) How's your grandmother today? —— She's fine. Thank you.

今日のおばあさんの （　　　　　　　　　　　　　　　　　　　）。

—— 元気にしています。ありがとう。

(2) How do you open this door? —— Just pull it.

このドアは （　　　　　　　　　　　　　　　　　）。—— 引くだけです。

2 正しい問答文になるように、＿＿＿＿に適する語を書きましょう。

(1) ＿＿＿＿＿＿ the ＿＿＿＿＿＿ in Akita today?

—— It's very cold.

(2) ＿＿＿＿＿＿ ＿＿＿＿＿＿ your sister go to the library?

—— She goes there ＿＿＿＿＿＿ bus.

□ fine［ファイン］元気な　　□ weather［ウェザァ］天気　　□ sunny［サニィ］晴れた
□ by［バイ］（交通手段を表して）〜で　　□ just［ヂャスト］ちょっと、〜だけ、ちょうど
□ pull［プル］引く　　□ cold［コウルド］寒い

何問できた？　　4 問中　　　問

45 疑問詞疑問文 how ②

月　日

★〈 How ＋形容詞など〜? 〉の疑問文

ここ大事！

● 〈 How many ＋名詞の複数形〜? 〉:「いくつ、何人？」（数をたずねる）

How many books do you have? — About one hundred.
あなたは何冊の本を持っていますか。　　　— 約100冊です。

● 〈 How much 〜? 〉:「いくら？」（値段をたずねる）

How much is this book? — It's 900 yen.
この本はいくらですか。　　　— 900円です。

● 〈 How old 〜? 〉:「何歳ですか？」（木や建造物にも使う）

How old is your father? — He's forty (years old).
あなたのお父さんは何歳ですか。　　　— 40歳です。

How many の あとには必ず名詞の 複数形がくる！

● 〈 How about 〜? 〉:「〜はどうですか？」（すすめたり、提案する）

How about some cake? — Yes, please.
ケーキはいかがですか。　　　— はい、お願いします。

1 次の質問の答えを右から1つずつ選び、記号で答えましょう。

(1) How old is your school?　〔　　〕

(2) How old is your new baby?〔　　〕

(3) How about some tea?　〔　　〕

ア Yes, please. Thank you.
イ Only two months old.
ウ It's just one hundred years old.

2 正しい問答文になるように、＿＿＿に適する語を書きましょう。

(1) ＿＿＿＿＿＿＿ dogs do you have at home?

—— Four. I have four dogs at home.

(2) ＿＿＿＿＿＿＿ is this new computer?

—— It's 1,000 dollars.

□ about[アバウト]約　□ hundred[ハンドゥレッド]100(の)　□ yen[イェン]円　□ cake[ケイク]ケーキ
□ baby[ベイビィ]赤ちゃん　□ tea[ティー]紅茶、茶　□ month[マンス]月、1か月　□ dollar[ダラァ]ドル

解答 → P.96　　48　　何問できた？　5問中　　問

46 確認問題4

表裏 10分!

月　　日

❶ 次の英文を日本文になおすとき、( ) 内に適する日本語を書きましょう。

［各8点×3問］

(1) What do you do on weekends?

あなたは週末に（　　　　　　　　　　　　　　　　　）。

(2) Where do you play the piano?

あなたは（　　　　　　　　　　　　　　　　　　　　　）。

(3) When does your winter vacation start?

あなたの冬休みは（　　　　　　　　　　　　　　　　　）。

❷ 次の文を下線部をたずねる文に、書きかえましょう。　　［各6点×4問］

(1) Ms. May lives in Sendai.

_____

(2) These are Mayu's pencils.

_____

(3) Shota goes to school by bus.

_____

(4) June and Alice walk in the park every morning.

_____

\ヒント/

❶ (3) winter vacation「冬休み」 start「始まる」
❷ それぞれ文中での働きを考える。(1)「場所」 (2)「所有者」 (3)「交通手段」 (4)「人(主語)」

裏面に続くよ

3 日本文に合うように、＿＿＿＿＿に適する語を書きましょう。　[各6点×4問]

(1) 私は鳥が好きです。あなたはどうですか。

I like birds. ＿＿＿＿＿＿＿＿＿＿＿ you?

(2) 三重の天気はどうですか。—— くもっています。

＿＿＿＿＿＿＿ the weather in Mie? —— ＿＿＿＿＿＿＿ cloudy.

(3) あなたの誕生日はいつですか。

＿＿＿＿＿＿＿ is your ＿＿＿＿＿＿＿?

(4) この辞書は（値段が）いくらですか。

＿＿＿＿＿＿＿ ＿＿＿＿＿＿＿ is this dictionary?

4 日本文に合うように、（　　）内の語句を並べかえて、全文を書きましょう。

[各7点×4問]

(1) 公園にいるあの少女たちはだれですか。

(are / girls / the park / who / in / those / ?)

＿＿＿＿＿＿＿＿＿＿＿＿＿＿＿＿＿＿＿＿＿＿

(2) 彼は毎朝何時に起きますか。

(does / up / time / get / what / he) every morning?

＿＿＿＿＿＿＿＿＿＿＿＿＿＿＿＿＿＿＿＿＿＿

(3) この町であなたは何人の人を知っていますか。

(people / you / many / how / do) know in this town?

＿＿＿＿＿＿＿＿＿＿＿＿＿＿＿＿＿＿＿＿＿＿

(4) この高い木は樹齢何年ですか。

(is / tree / old / how / this / tall / ?)

＿＿＿＿＿＿＿＿＿＿＿＿＿＿＿＿＿＿＿＿＿＿

\ヒント/

4 (1) those girls が主語になるので、be 動詞は are。
(3) How many people で、「何人？」とたずねる疑問文にする。

47 一般動詞（規則動詞）の過去形 いっぱん

月　日

★「～しました」…動詞に ed や d をつける！

〈現在の文〉 I play soccer every day. 私は毎日サッカーをします。

↓

〈過去の文〉 I played soccer yesterday. 私は昨日サッカーをしました。

規則動詞の過去形の作り方

たいていの語	ed をつける	play → played　walk → walked
e で終わる語	d だけをつける	use → used　live → lived
〈子音字 + y〉で終わる語	y を i にかえて ed	study → studied　carry → carried
〈短母音＋子音字〉で終わる語	子音字を重ねて ed	stop → stopped　drop → dropped

過去を表す語句
yesterday 昨日
then そのとき
last ～ この前の～
～ ago ～前に

1 次の動詞の過去形を、＿＿＿に書きましょう。

(1) wash ＿＿＿　(2) look ＿＿＿

(3) study ＿＿＿　(4) like ＿＿＿

(5) stop ＿＿＿　(6) want ＿＿＿

2 各文の文末に（　）内の語句を加えて過去の文にして、全文を書きましょう。

(1) We watch TV. (last night)

＿＿＿＿＿＿＿＿＿＿＿＿＿＿＿

(2) Tom carries the big box. (yesterday)

＿＿＿＿＿＿＿＿＿＿＿＿＿＿＿

(3) My father uses this computer. (five days ago)

＿＿＿＿＿＿＿＿＿＿＿＿＿＿＿

□ carry［キャリィ］運ぶ　□ stop［スタップ］止める　□ drop［ドゥラップ］落ちる　□ last night 昨夜

何問できた？　9 問中　　問

48 一般動詞（不規則動詞）の過去形

いっぱん

月　日

⭐ **不規則動詞…過去形が不規則に変化するもの。1つずつ覚える！**

ここ大事！

よく使われる不規則動詞

原形		過去形	原形		過去形
get	得る	got	write	書く	wrote
come	来る	came	eat	食べる	ate
go	行く	went	have	持っている	had
make	作る	made	see	見る、会う	saw
do	する	did	take	とる	took
meet	会う	met	run	走る	ran
swim	泳ぐ	swam	say	言う	said
buy	買う	bought	read	読む	read[レッド]
find	見つける	found	put	置く	put

say の発音は[セイ]、said は[セッド]。read や put のように過去形が同じ形のものにも注意！

1 次の動詞の過去形を、＿＿＿に書きましょう。

やってみよう

(1) run ＿＿＿　(2) make ＿＿＿　(3) read ＿＿＿

(4) eat ＿＿＿　(5) swim ＿＿＿　(6) see ＿＿＿

2 各文の文末に（　）内の語句を加えて過去の文にして、全文を書きましょう。

(1) I do my homework. (yesterday)

＿＿＿＿＿＿＿＿＿＿＿＿＿＿＿＿＿＿

(2) We buy a lot of books here. (last month)

＿＿＿＿＿＿＿＿＿＿＿＿＿＿＿＿＿＿

(3) Jane goes to the park. (many years ago)

＿＿＿＿＿＿＿＿＿＿＿＿＿＿＿＿＿＿

(4) Mana comes to my house. (yesterday evening)

＿＿＿＿＿＿＿＿＿＿＿＿＿＿＿＿＿＿

何問できた？　10 問中　　問

49 一般動詞の過去の否定文 〔 月　日 〕

> ★ 一般動詞の過去の否定文…〈 主語 + didn't[did not] + 動詞の原形 〜. 〉
>
> ここ大事！
>
> 〈ふつうの文〉He　　　　played soccer. 彼はサッカーをしました。
>
> ↓ didn't は動詞の前
>
> 〈否定文〉　　　He **didn't** play soccer. 彼はサッカーをしませんでした。
>
> ┈動詞は原形に
>
> 確認 didn't[did not] を使ったあとには、必ず動詞の原形がくる。
> He didn't[did not] ✕played soccer.
>
> 規則動詞、不規則動詞に関係なくこの形！

1 次の文を否定文に書きかえるとき、＿＿＿に適する語を短縮形を使って書きましょう。

やってみよう

(1) I got up early this morning.

I ＿＿＿＿＿＿＿＿＿ up early this morning.

(2) Ken read this book yesterday.

Ken ＿＿＿＿＿＿＿＿＿ this book yesterday.

2 (　　)内の語句を並べかえて、正しい英文にして全文を書きましょう。

(1) He (not / the event / come / did / to) last week.

＿＿＿＿＿＿＿＿＿＿＿＿＿＿＿＿＿＿

(2) Emily (take / didn't / any pictures) in the park.

＿＿＿＿＿＿＿＿＿＿＿＿＿＿＿＿＿＿

(3) (didn't / a / brother / bike / my / have) at that time.

＿＿＿＿＿＿＿＿＿＿＿＿＿＿＿＿＿＿

- -

□ this morning　今朝　　□ event[イヴェント]行事　　□ last week　先週
□ any[エニィ]（否定文で）1つも［1人も］（〜ない）　　□ take a picture　写真をとる
□ at that time　そのころは、当時は

何問できた？　5 問中　　問

50 一般動詞の過去の疑問文

いっぱん

月　日

ここ大事！

★ 一般動詞の過去の疑問文…〈 Did ＋ 主語 ＋ 動詞の原形 ～？ 〉

〈ふつうの文〉　　　Emi played tennis. エミはテニスをしました。

↓ Did を主語の前に

〈疑問文〉　　**Did** Emi play tennis ❓ エミはテニスをしましたか。

動詞は原形に……　　　　　　　……クエスチョンマークに

〈答え方〉　Yes, she **did.** / No, she **didn't[did not].**

はい、しました。　　　　いいえ、しませんでした。

（確認） 答えの文の主語は代名詞（he や she など）にすることを確認しよう。

1 次の文を疑問文に書きかえるとき、＿＿＿＿に適する語を書きましょう。

やってみよう

(1) Yumi played the violin at the concert.

＿＿＿＿＿ Yumi ＿＿＿＿＿ the violin at the concert?

(2) He wrote this book.

＿＿＿＿＿ he ＿＿＿＿＿ this book?

2 正しい問答文になるように、＿＿＿＿に適する語を書きましょう。

(1) ＿＿＿＿＿ you go to school by train yesterday?

―― ＿＿＿＿＿, I did.

(2) ＿＿＿＿＿ your sister make this doll last night?

―― No, she ＿＿＿＿＿.

She ＿＿＿＿＿ it last week.

□ concert［カンサァト］コンサート　　　□ train［トゥレイン］電車、列車

51 be 動詞の過去形

★ be 動詞の過去形…「～でした、～にいました〔ありました〕」

be 動詞を過去形にする！　過去形の be 動詞も主語によって使い分け！

ここ
大事！

主語	現在形	過去形
I	am	was
3人称単数	is	
you または複数	are	were

3人称単数は he、she、it、Ken など。
複数は we や they、these balls
などだよ。

1 （　　）内から適する語句を選び、○でかこみましょう。

やってみよう

(1) I (am / was) busy yesterday.

(2) You (was / were) sick last week.

(3) (He / They) were at the zoo yesterday.

(4) (Ren / Ren and Yuna) were free last night.

2 （　　）内の語句を並べかえて、正しい英文にして全文を書きましょう。

(1) (twelve / was / old / I / years) last year.

_____

(2) (many / were / the park / people / in) this morning.

_____

(3) (was / very / my brother / hungry) last night.

_____

□ sick［スィック］病気の、具合が悪い　　□ zoo［ズー］動物園　　□ free［フリー］ひまな
□ hungry［ハングリィ］おなかがすいた、空腹の

何問できた？　7 問中　　問

52 be 動詞の過去の否定文と疑問文　　月　日

ここ大事!

★ be 動詞の過去の否定文…〈 主語＋was[were] not ～. 〉

〈ふつうの文〉　I was　　free. 私はひまでした。

↓

〈否定文〉　　I was **not** free. 私はひまではありませんでした。

★ be 動詞の過去の疑問文…〈 Was[Were]＋主語 ～? 〉

〈ふつうの文〉 You were free. あなたはひまでした。

〈疑問文〉　　**Were** you free? あなたはひまでしたか。

〈答え方〉　　Yes, I **was**. / No, I **wasn't**[**was not**].
はい、ひまでした。　　　いいえ、ひまではありませんでした。

> was not の短縮形は wasn't、were not の短縮形は weren't になる。

---

1 次の文を否定文に書きかえるとき、＿＿＿に適する語を書きましょう。

やってみよう

(1) The woman was kind to me.

The woman ＿＿＿＿＿＿＿＿＿ kind to me.

(2) These books were very interesting.

These books ＿＿＿＿＿＿＿＿＿ very interesting.

(3) I was in Paris last year. I ＿＿＿＿＿ in Paris last year.

2 次の文を疑問文に書きかえるとき、＿＿＿に適する語を書きましょう。

(1) It was sunny yesterday.

＿＿＿＿＿＿＿＿＿ sunny yesterday?

(2) They were in the kitchen then.

＿＿＿＿＿＿＿＿＿ in the kitchen then?

(3) You were so happy at that time.

＿＿＿＿＿＿＿＿＿ so happy at that time?

- -
□ be kind to ～　～に親切にする　　□ not very ～　あまり～ない　　□ Paris[パリス]パリ　　□ so[ソウ]とても

53 確認問題 5

 うでだめし やってみよう

1 （　　）内の語を必要に応じて、適する形にかえて、＿＿＿＿＿＿に書きましょう。

［各4点×6問］

(1) Jane ＿＿＿＿＿＿ a pretty doll yesterday. （make）

(2) I ＿＿＿＿＿＿ a math teacher ten years ago. （am）

(3) We ＿＿＿＿＿＿ to the station late last night. （get）

(4) I ＿＿＿＿＿＿ a new bike last week. （buy）

(5) We ＿＿＿＿＿＿ in the sea last week. （swim）

(6) Ms. Sano ＿＿＿＿＿＿ ten books last year. （write）

2 (1) (2)は否定文に、(3) (4)は疑問文に書きかえましょう。

［各6点×4問］

(1) They played basketball in the gym.

＿＿＿＿＿＿＿＿＿＿＿＿＿＿＿＿＿＿＿＿＿＿＿＿＿＿＿

(2) We were in Australia last summer.

＿＿＿＿＿＿＿＿＿＿＿＿＿＿＿＿＿＿＿＿＿＿＿＿＿＿＿

(3) They studied English at school yesterday.

＿＿＿＿＿＿＿＿＿＿＿＿＿＿＿＿＿＿＿＿＿＿＿＿＿＿＿

(4) His new book was very interesting.

＿＿＿＿＿＿＿＿＿＿＿＿＿＿＿＿＿＿＿＿＿＿＿＿＿＿＿

\ヒント/

1 過去を表す語句を見つけたら、一般動詞かbe動詞の文かを考える。(1)pretty は「かわいらしい、きれいな」の意味。

2 否定文には短縮形を使うこともできる。いずれも過去の文であることに注意。

裏面に続くよ

3 日本文に合うように、＿＿＿＿＿に適する語を書きましょう。 [各6点×4問]

(1) あなたは今朝、図書館へ行きましたか。

＿＿＿＿＿ you ＿＿＿＿＿ to the library this morning?

(2) あなたはパーティーで英語を話しましたか。

＿＿＿＿＿ you ＿＿＿＿＿ English at the party?

(3) ケイトは日本に住んで、たくさんの友だちがいました。

Kate ＿＿＿＿＿ in Japan and ＿＿＿＿＿ many friends.

(4) ペニーはその本を読みませんでした。

Penny ＿＿＿＿＿ the book.

4 日本文に合うように、(　　)内の語句を並べかえて、全文を書きましょう。

[各7点×4問]

(1) 私は昨日それほどいそがしくありませんでした。

(busy / I / so / wasn't) yesterday.

＿＿＿＿＿＿＿＿＿＿＿＿＿＿＿＿＿＿＿

(2) あなたはあなたのお父さんの車を洗ったのですか。

(you / your / wash / car / father's / did / ?)

＿＿＿＿＿＿＿＿＿＿＿＿＿＿＿＿＿＿＿

(3) エマは昨年日本に来ませんでした。

(Emma / last / Japan / come / didn't / to) year.

＿＿＿＿＿＿＿＿＿＿＿＿＿＿＿＿＿＿＿

(4) その本はあなたにとても役に立ちましたか。

(were / the books / very / useful) to you?

＼ヒント／

4 (1) (3) は否定文、(2) (4) は疑問文になる。

54 疑問詞＋過去形①

月　日

★ **疑問詞疑問文**…〈 疑問詞 ＋ **did** ＋ 主語 ＋ 動詞の原形〜？ 〉

〈疑問文〉 **Where** did you play tennis**?**

〈答え方〉 I played tennis **in the park.**

あなたはどこでテニスをしましたか。— 公園でしました。

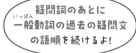
疑問詞のあとに
一般動詞の過去の疑問文
の語順を続けるよ！

〈疑問文〉 **When** did you play tennis**?**

〈答え方〉 I played tennis **yesterday.**

あなたはいつテニスをしましたか。— 昨日しました。

注意〈 Who ＋動詞の過去形〜？ 〉の形

Who played tennis here? — I did.

だれがここでテニスをしましたか。— 私がしました。

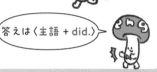
答えは〈主語 + did.〉

1 下線部をたずねる疑問文に書きかえるとき、＿＿＿＿に適する語を書きましょう。

やってみよう

(1) Sota went to <u>the stadium</u> yesterday.

＿＿＿＿＿ did Sota ＿＿＿＿＿ yesterday?

(2) Yui read the story <u>last week</u>.

＿＿＿＿＿ did Yui ＿＿＿＿＿ the story?

2 正しい問答文になるように、＿＿＿＿に適する語を書きましょう。

(1) ＿＿＿＿＿ wrote this book?　—— Mr. Nakamura did.

(2) ＿＿＿＿＿ did you wash this bike?

—— I ＿＿＿＿＿ it this morning.

(3) ＿＿＿＿＿ did you buy this doll?

—— I ＿＿＿＿＿ it in Kyoto.

. . . .

☐ stadium［スティディアム］スタジアム、競技場　　☐ story［ストーリィ］物語、話

解答 → P.99

何問できた？　5 問中　　問

55 疑問詞＋過去形②

月　日

ここ大事！

★ 疑問詞疑問文…〈 疑問詞＋**did**＋主語＋動詞の原形〜**？**〉

〈疑問文〉 **What** did you play yesterday**?**

〈答え方〉 I played **tennis.**
あなたは昨日何をしましたか。— テニスをしました。

〈疑問文〉 **How** did you go to the park**?**

〈答え方〉 I went there **by bike.**
あなたはどうやって公園へ行きましたか。— 自転車で行きました。

by のあとの乗り物には
a も an も the もつかないよ

注意 数をたずねる疑問詞＋過去形。

How many students did you see there?
— I saw ten students.
そこで何人の生徒を見ましたか。—10人見ました。

1 下線部をたずねる疑問文に書きかえるとき、................に適する語を書きましょう。

やってみよう

(1) He saw a strange bird in the garden.

.... did he .... in the garden?

(2) They had three dogs at that time.

.... dogs did they .... at that time?

2 正しい問答文になるように、................に適する語を書きましょう。

(1) .... did you go to the library today?

—— I walked there.

(2) .... did you wash this morning?

—— I .... my bike and my father's car.

(3) .... colors did you use in that picture?

—— I .... ten colors.

. . . .
□ strange[ストゥレインヂ]きみような、変な　　□ garden[ガードゥン]庭、庭園　　□ color[カラァ]色

56 過去進行形①

月　日

ここ大事！

★ 過去進行形…〈 was[were] ＋〜ing 〉で過去に進行中の動作を表す！

was、were は主語によって使い分け！

29ページを見返してみよう！

I **was** playing tennis then. 私はそのときテニスをしていました。

We **were** playing tennis, too. 私たちもテニスをしていました。

★ 否定文…〈 主語 ＋ was[were] ＋ not ＋ 〜ing …. 〉

He was 　　　playing tennis. 彼はテニスをしていました。

He was **not** playing tennis. 彼はテニスをしていませんでした。

確認 短縮形は was not ➡ **wasn't**、were not ➡ **weren't** になる。

---

1 (　　)内の語を並べかえて、正しい英文にして全文を書きましょう。

やってみよう

(1) (was / singing / I) an English song then.

_____

(2) (to / we / music / listening / were) after school.

_____

(3) 　(making / not / was / she / pizza) in the kitchen.

_____

2 次の文を過去進行形の文に書きかえるとき、＿＿＿に適する語を書きましょう。

(1) I walked to school.

I ＿＿＿＿＿ ＿＿＿＿＿ to school.

(2) I didn't read the book.

I ＿＿＿＿＿ ＿＿＿＿＿ the book.

☐ after school　放課後　　☐ pizza [ピーツァ] ピザ

何問できた？　5 問中　　問

57 過去進行形②

月 日

これまでの be 動詞の
ある文と疑問文の
作り方は同じ！

ここ大事！

★ 疑問文…〈Was[Were] ＋ 主語 ＋ 〜ing …?〉

Was he playing tennis? 彼はテニスをしていましたか。

〈答え方〉 Yes, he **was.** / No, he **wasn't[was not].**
はい、していました。　　　いいえ、していませんでした。

● 次のような疑問詞疑問文も覚えておこう！

What were you doing there? ― I **was** talking with Ken.
あなたはそこで何をしていたのですか。　　　　　― ケンと話していました。

Where was Emi playing tennis? ― In the park.
エミはどこでテニスをしていましたか。　　　　　― 公園でしていました。

---

1 次の文を疑問文に書きかえるとき、＿＿＿ に適する語を書きましょう。

やってみよう

(1) They were learning about space then.

　＿＿＿＿＿＿＿＿＿＿＿ about space then?

(2) You were doing your homework about eight last night.

　＿＿＿＿＿＿＿＿＿＿＿ your homework

about eight last night?

2 正しい問答文になるように、＿＿＿ に適する語を書きましょう。

(1) ＿＿＿＿＿＿ were you playing on the stage then?

　―― I was ＿＿＿＿＿＿ the piano.

(2) ＿＿＿＿＿＿ were the students running at that time?

　―― In the schoolyard.

(3) ＿＿＿＿＿＿ many students were running then?

　―― Fifty students were.

· ·
□ learn [ラーン] 学ぶ　□ space [スペイス] 宇宙　□ stage [スティヂ] 舞台、ステージ
□ schoolyard [スクールヤード] 校庭

58 現在形と過去形①（be動詞）

月　　日

★ be 動詞の現在形…is、am、are ←→ be 動詞の過去形…was、were

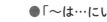

●「～は…です。」←→「～は…でした。」

Tom is a new student. トムは新入生です。

Tom was a new student. トムは新入生でした。

●「～は…にいます〔あります〕。」

←→「～は…にいました〔ありました〕。」

Tom is in the park. トムは公園にいます。

Tom was in the park. トムは公園にいました。

現在形の主語による
使い分けは7～11ページを
見直そう!

is と am の
過去形が was で、
are の過去形が were。

---

1 意味のちがいがわかるように、日本文になおしましょう。

やってみよう

(1) ① My parents were English teachers.

　（　　　　　　　　　　　　　　　　　　　　　　　）

② My parents are in Los Angeles now.

　（　　　　　　　　　　　　　　　　　　　　　　　）

(2) ① Tom is very busy now.

　（　　　　　　　　　　　　　　　　　　　　　　　）

② Tom was very busy yesterday.

　（　　　　　　　　　　　　　　　　　　　　　　　）

(3) ① This dog is small, and that dog is small, too.

　（　　　　　　　　　　　　　　　　　　　　　　　）

② This dog is big now, but it was small last year.

　（　　　　　　　　　　　　　　　　　　　　　　　）

□ Los Angeles [ローサンヂェルス] ロサンゼルス　　□ but [バット] しかし

何問できた？　6問中　　問

59 現在形と過去形②（一般動詞）

月　日

ここ大事！

★ 一般動詞の現在形 ⟷ 一般動詞の過去形

● 現在の習慣・反復的な動作・状態 ⟷ 過去の習慣・反復的な動作

I get up at eight every day. 私は毎日8時に起きます。

I usually got up late in those days. 私は当時はたいてい遅く起きていました。

● 現在の事実・真実 ⟷ 過去の事実・状態

He has two sons. 彼には息子が2人います。

He had a big dog ten years ago. 10年前彼は大きな犬を飼っていました。

1 意味のちがいがわかるように、日本文になおしましょう。

やってみよう

(1) ① I go to bed at ten every day.

（　　　　　　　　　　　　　　　　　　　）

② I usually went to bed at ten about ten years ago.

（　　　　　　　　　　　　　　　　　　　）

(2) ① He has a lot of friends.

（　　　　　　　　　　　　　　　　　　　）

② He usually has lunch in the park.

（　　　　　　　　　　　　　　　　　　　）

(3) ① The moon moves around the earth.

（　　　　　　　　　　　　　　　　　　　）

② They moved to Nagasaki last year.

（　　　　　　　　　　　　　　　　　　　）

. . . .

□ in those days　当時は　　□ moon[ムーン]（天体の）月　　□ move[ムーヴ]動く、引っ越す
□ around[アラウンド]～のまわりを　　□ earth[アース]地球

60 確認問題6 うでだめし やってみよう

❶ （　　　）内の語を必要に応じて適する形にかえて、＿＿＿＿に書きましょう。

[各4点×6問]

(1) We ＿＿＿＿＿＿ cleaning the room at ten yesterday. (are)

(2) I ＿＿＿＿＿＿ in London last month. (am)

(3) She ＿＿＿＿＿＿ a new computer and uses it every day.

(have)

(4) He ＿＿＿＿＿＿ the pen on the box an hour ago. (put)

(5) She was ＿＿＿＿＿＿ a pretty doll then. (make)

(6) They were ＿＿＿＿＿＿ pictures at ten last night. (take)

❷ 次の文を下線部をたずねる文に、書きかえましょう。　　[各6点×4問]

(1) They played basketball in the gym.

＿＿＿＿＿＿＿＿＿＿＿＿＿＿＿＿＿＿＿＿＿＿＿＿＿＿＿

(2) They were singing English songs on the stage.

＿＿＿＿＿＿＿＿＿＿＿＿＿＿＿＿＿＿＿＿＿＿＿＿＿＿＿

(3) They studied six subjects at school yesterday.

＿＿＿＿＿＿＿＿＿＿＿＿＿＿＿＿＿＿＿＿＿＿＿＿＿＿＿

(4) June and May played tennis here together.

＿＿＿＿＿＿＿＿＿＿＿＿＿＿＿＿＿＿＿＿＿＿＿＿＿＿＿

\ヒント/

❶ まず、現在の文か過去の文か、それから一般動詞、be動詞、進行形のどの文かを考える。

❷ まず何をたずねるかを考える。(1)「場所」 (2)「何」 (3)「数」。subject は「教科」の意味。

(4)「主語（人）」。

裏面に続くよ

3 日本文に合うように、＿＿＿に適する語を書きましょう。 ［各6点×4問］

(1) あなたはそこで何をしていたのですか。

What ＿＿＿＿＿ you ＿＿＿＿＿ there?

(2) あなたはその本をいつ買ったのですか。

When ＿＿＿＿＿ you ＿＿＿＿＿ the book?

(3) ケイトは日本に住んでいて、英語を教えています。

Kate ＿＿＿＿＿ in Japan and ＿＿＿＿＿ English.

(4) リズはそのとき川で泳いでいませんでした。

Liz ＿＿＿＿＿ ＿＿＿＿＿ in the river at that time.

4 日本文に合うように、（　）内の語を並べかえて、全文を書きましょう。

［各7点×4問］

(1) 私たちは私たちの友だちについて話していました。

(talking / our / friends / we / about / were / .)

＿＿＿＿＿＿＿＿＿＿＿＿＿＿＿＿＿＿＿＿＿＿＿＿＿＿

(2) あなたはどこでその車を洗ったのですか。

(you / wash / car / the / where / did / ?)

＿＿＿＿＿＿＿＿＿＿＿＿＿＿＿＿＿＿＿＿＿＿＿＿＿＿

(3) あなたはこの人形をどのようにして作りましたか。

(you / this / doll / make / how / did / ?)

＿＿＿＿＿＿＿＿＿＿＿＿＿＿＿＿＿＿＿＿＿＿＿＿＿＿

(4) 東京の天気はどうでしたか。

(was / the / in / how / Tokyo / weather / ?)

＿＿＿＿＿＿＿＿＿＿＿＿＿＿＿＿＿＿＿＿＿＿＿＿＿＿

\ ヒント /

4 (3)「どのようにして」は方法をたずねる文になる。

(4) 天気をたずねる文だが、過去の文になることに注意。

61 There is[are] 〜. の文①

ここ大事！

★「…に〜がある。」…〈 There is a[an] + 名詞 + 場所を表す語句. 〉

●名詞が単数のときは名詞の前に a[an] をつける

There is a ball in the box. 箱の中にボールが1個あります。

●名詞が数えられない名詞のときは a[an] はつかない

There is some water in the glass. コップに水が少しあります。

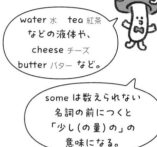

場所を表す語句の前に使われる前置詞

in	〜の中に、〜に、〜で（比較的広い場所）
at	〜で（比較的狭い場所）
on	〜の上に（接触して）
under	〜の下に
near	〜の近くに
by	〜のそばに

water 水　tea 紅茶
などの液体や、
cheese チーズ
butter バター など。

some は数えられない
名詞の前につくと
「少し（の量）の」の
意味になる。

---

1 次の英文を日本文になおすとき、（　　）内に適する日本語を書きましょう。

やってみよう

(1) There is a tall tree in the park.

（　　　　　　　　　　）高い木が1本（　　　　　　　　　　）。

(2) There is some coffee in the cup.

（　　　　　　　　　　）コーヒーが少し（　　　　　　　　　　）。

2 （　　）内の語を並べかえて、正しい英文にして全文を書きましょう。

(1) (is / apple / big / there / a) in my bag.

_____

(2) (one / only / is / there / student) in the classroom.

....

□ glass[グラス]コップ、グラス　　□ coffee[コーフィ]コーヒー　　□ cup[カップ]カップ、茶わん

62 There is[are] 〜. の文②

月　日

ここ大事！

★「…に〜が(複数)ある。」

…〈 There are(＋複数を表す語句)＋名詞＋場所を表す語句. 〉

●名詞が複数のとき be 動詞は are

There are two balls in the box. 箱の中にボールが2個あります。

There are many balls in the box. 箱の中にボールがたくさんあります。

●過去形は is ➡ was、are ➡ were に

There was a ball in the box. 箱の中にボールが1個ありました。

There were some balls in the box. 箱の中にボールが何個かありました。

1 次の英文を日本文になおすとき、(　　)内に適する日本語を書きましょう。

やってみよう

(1) There are a lot of tall students in my class.

(　　　　　　　　　) 背の高い生徒が (　　　　　　　　　)。

(2) There was a big building here five years ago.

(　　　　　　) ここには (　　　　　　　　　　　)。

2 (　　)内の語を並べかえて、正しい英文にして全文を書きましょう。

(1) (books / on / there / are / three) the desk.

_____

(2) (was / there / a / small / in / table) the kitchen.

_____

(3) (there / two / good / on / were / players) the team.

_____

□ class[クラス]クラス　　□ building[ビルディング]建物、ビル　　□ desk[デスク]机
□ table[テイブル]テーブル　　□ team[ティーム]チーム

何問できた？　5 問中　　問

63 There is[are] 〜. の否定文 [月　日]

ここ大事!

★ There is[are] 〜. の否定文

…〈 There is[are] ＋ not ＋名詞＋場所を表す語句.〉

There is **not** a ball in the box. 箱の中にボールはありません。

● 肯定文の some ➡ 否定文では any「少しも、1つも（〜ない）」に！

There are some balls in the box.

There are **not any** balls in the box. 箱の中にボールは1つもありません。

● 形容詞 no を名詞の前に置けば、否定文と同じ内容に！

There is **no** butter in the fridge. 冷蔵庫にバターがありません。

butter は数えられない名詞だから、s はつかない。

---

1 次の英文を日本文になおすとき、（　　）内に適する日本語を書きましょう。

やってみよう

(1) There are not many members in our club.

私たちのクラブには（　　　　　　　　　　　　　　　　　　　　）。

(2) There were no chairs in the science classroom.

理科室には（　　　　　　　　　　　　　　　　　　　　）。

2 （　　）内の語を並べかえて、正しい英文にして全文を書きましょう。

(1) (is / foreign / a / there / not / student) in our class.

----

(2) (was / there / not / much / snow) last year.

----

(3) (were / there / cars / the / on / street / no) yesterday.

□ fridge[フリッヂ]冷蔵庫　　□ member[メンバァ]メンバー、一員　　□ club[クラブ]クラブ
□ chair[チェア]いす　　□ foreign[フォーリン]外国の　　□ snow[スノウ]雪　　□ street[ストゥリート]通り

64 There is[are] ～. の疑問文

ここ大事！

★ **There is[are] ～. の疑問文**…〈 be 動詞＋there ～? 〉

Is there a ball in the box? 箱の中にボールはありますか。

〈答え方〉 Yes, **there is.** / No, **there isn't[is not].**
はい、あります。　　　　　　いいえ、ありません。

(確認) 名詞が複数形のときは are、過去の文のときは was、were を使う。

there を使って答えるよ。

● 次のような数をたずねる疑問文にも注意

How many balls **are there** in the box?
— **There are** two (balls).
箱の中にボールがいくつありますか。— 2つあります。

疑問詞のあとに疑問文の語順を続けるよ。

(注意) 答えの文では数字のあとの名詞は省略してもよい。

---

1 次の文を疑問文に書きかえるとき、................. に適する語を書きましょう。

やってみよう

(1) There is a lot of water in the pond.

.... a lot of water in the pond?

(2) There are some flowers in the vase.

.... flowers in the vase?

2 正しい問答文になるように、................. に適する語を書きましょう。

(1) .... there many apples in the fridge?

—— No, there were not. There was only one.

(2) .... there a park near your house?

—— Yes, ... is. It's a beautiful park.

(3) .... teachers are there in your school?

—— There are about twenty.

· ·

□ pond [パンド] 池　　□ vase [ヴェイス] 花びん

何問できた？　5 問中　　問

65 確認問題7

うでだめし
やってみよう

表裏
10分!

月　　日

1 （　　）内から適する語を選び、〇でかこみましょう。　　　　　　　［各4点×6問］

(1) There (is / are) an orange on the table.

(2) There (is / are) some tea in the cup.

(3) There (is / are) two or three books on the desk.

(4) There (is / was) a tall building here many years ago.

(5) There (was / were) some students in the classroom then.

(6) There (was / were) only two weeks before the festival.

2 〔　　〕内の指示にしたがって、書きかえましょう。　　　　　　　　［各6点×4問］

(1) There was a dog under the tree.〔下線部を many にかえて〕

----

(2) There are some eggs in the box.〔否定文に〕

----

(3) There are some tall trees in his garden.〔疑問文に〕

----

(4) There are three pictures on the wall.〔下線部をたずねる疑問文に〕

\ ヒント /

1 単数と複数、現在と過去に注意して考える。

2 (2) (3) some に注意。　(4) 下線部は数を表している。wall は「壁」。

裏面に続くよ

3 日本文に合うように、＿＿＿＿に適する語を書きましょう。 [各6点×4問]

(1) コップには水は（少しも）ありません。

There ＿＿＿＿＿＿ no ＿＿＿＿＿＿ in the glass.

(2) そのとき公園には人々はいませんでした。

There ＿＿＿＿＿＿ ＿＿＿＿＿＿ people in the park then.

(3) 机の上には何冊の本がありましたか。

＿＿＿＿＿＿ many ＿＿＿＿＿＿ were there on the desk?

(4) （(3)に答えて）── 10冊ありました。

There ＿＿＿＿＿＿ ＿＿＿＿＿＿.

4 日本文に合うように、（ ）内の語を並べかえて、全文を書きましょう。[各7点×4問]

(1) 夏にはここで大きな祭りが2つあります。

(festivals / are / here / big / there / two) in summer.

＿＿＿＿＿＿＿＿＿＿＿＿＿＿＿＿＿＿＿＿＿＿＿＿＿

(2) この町には大きな病院がありません。

(is / a / there / hospital / in / not / big / this) town.

＿＿＿＿＿＿＿＿＿＿＿＿＿＿＿＿＿＿＿＿＿＿＿＿＿

(3) 駅の近くにレストランが（何軒か）ありますか。

(any / are / restaurants / station / there / near / the / ?)

＿＿＿＿＿＿＿＿＿＿＿＿＿＿＿＿＿＿＿＿＿＿＿＿＿

(4) この部屋には窓がいくつありますか。

(many / windows / in / room / how / this / there / are / ?)

＿＿＿＿＿＿＿＿＿＿＿＿＿＿＿＿＿＿＿＿＿＿＿＿＿

＼ヒント／

4 (2) not があることに注意。 (3) any は名詞の前に置く。
(4) 数をたずねる疑問文にする。

66 be going to ～

★ 未来を表して「～するつもりだ」

ここ大事！

…〈 主語 + be 動詞 + going to + 動詞の原形～. 〉

● be 動詞は主語に合わせる！

I **am going to** play soccer tomorrow. 私は明日サッカーをするつもりです。

He **is going to** stay here next week. 彼は来週ここに滞在するつもりです。

（…動詞の原形）

未来を表す語句

・tomorrow 明日 ・next week[month, year] 来週〔来月、来年〕 ・this weekend 今週末

・next Sunday[Monday] 次の〔来週の〕日曜日〔月曜日〕 ・someday いつか

・in the future 将来、これからは ・tomorrow morning 明日の朝

1 _____ に適する語を1語ずつ補って、be going to の文を完成しましょう。

やってみよう

(1) I _____ going to play badminton tomorrow.

(2) He is _____ to stay in Kagoshima.

(3) He is going _____ have lunch in the park.

(4) We _____ going to go shopping in Ginza.

(5) Ken and Akemi _____ going to meet here at five.

2 (　)内の語を並べかえて、正しい英文にして全文を書きましょう。

(1) (going / buy / bike / I'm / to / new / a) tomorrow.

_____

(2) (are / to / Kyoto / next / visit / going / they) Sunday.

_____

(3) (she's / to / up / get / going / early) tomorrow morning.

_____

□ badminton[バドミントン]バドミントン　　□ go shopping 買い物に行く　　□ visit[ヴィズィット]訪問する

67 be going to ～の否定文と疑問文 〔 月　日 〕

★ 否定文…〈 主語＋be 動詞＋not＋going to ～ .... 〉

〈ふつうの文〉 I'm 　　going to stay here. 私はここにいるつもりです。

〈否定文〉 I'm **not going to** stay here. 私はここにいるつもりはありません。

★ 疑問文…〈 be 動詞＋主語＋going to ～ ? 〉

〈ふつうの文〉 Ken **is going to** stay here. ケンはここにいるつもりです。

〈疑問文〉 **Is Ken** going to stay here? ケンはここにいるつもりですか。

〈答え方〉 Yes, he **is.** ／ No, he **isn't[is not].**
はい、そのつもりです。　　いいえ、そのつもりはありません。

1 次の文を否定文に書きかえるとき、＿＿＿＿に適する語を書きましょう。

(1) I'm going to sing this song at the concert.

＿＿＿＿ ＿＿＿＿ ＿＿＿＿ to sing this song at the concert.

(2) We are going to play baseball this afternoon.

We ＿＿＿＿ ＿＿＿＿ to play baseball this afternoon.

(3) Ken is going to watch TV after dinner.

＿＿＿＿ ＿＿＿＿ ＿＿＿＿ to watch TV after dinner.

2 次の文を疑問文に書きかえるとき、＿＿＿＿に適する語を書きましょう。

(1) Tom is going to call me this evening.

＿＿＿＿ ＿＿＿＿ ＿＿＿＿ ＿＿＿＿ call me this evening?

(2) You are going to play basketball after school.

＿＿＿＿ ＿＿＿＿ ＿＿＿＿ play basketball after school?

□ call［コール］電話をかける

何問できた？ 〔 5 問中　　問 〕

68 will

★ 未来について「～でしょう〔推測〕、～する（つもりだ）〔意志〕」

ここ大事！

…〈 主語＋will＋動詞の原形 .... 〉

主語によるちがいはないよ！

He　　comes here every day. 彼は毎日ここに来ます。

He **will** come here tomorrow. 彼は明日ここに来るてしょう。

┈動詞の原形

短縮形

・I will ➡ I'll　　　・you will ➡ you'll　　　・he will ➡ he'll

・she will ➡ she'll　　・we will ➡ we'll　　　・they will ➡ they'll

注意 be going to … あらかじめ決めている予定 ↔ will … 今その場で決めた予定

---

1 次の英文を日本文になおすとき、（　　）内に適する日本語を書きましょう。

やってみよう

(1) I will call Kumi later about the party.

私はあとで（　　　　　　　　　　　　　　　　　　）。

(2) She will come to the party late tomorrow evening.

彼女は明日の夕方（　　　　　　　　　　　　　　　　）。

2 （　　）内の語句を並べかえて、正しい英文にして全文を書きましょう。

(1) (will / plates / after / I / wash / the) dinner.

----

(2) (up / get / Leon / early / will / tomorrow) morning.

----

(3) (the baseball / be / exciting / will / game / very) tomorrow.

· ·

□ later［レイタァ］あとで、のちほど　　□ plate［プレイト］（平たい）皿

□ exciting［イクサイティング］わくわくさせる、興奮させるような　　□ game［ゲイム］試合、ゲーム

何問できた？　5 問中　　　問

69 will の否定文と疑問文

月　日

> will の否定文や疑問文
> の作り方は can と同じ。

★ will の否定文…〈 主語 + will + not + 動詞の原形 .... 〉

〈ふつうの文〉 I will　　 go there tomorrow. 私は明日そこに行きます。

↓ not を will のあとに（will not = won't）

〈否定文〉 I will **not** go there tomorrow. 私は明日そこに行きません。

★ will の疑問文…〈 Will + 主語 + 動詞の原形 ...? 〉

〈ふつうの文〉 Ken will go there tomorrow. ケンは明日そこに行くでしょう。

……… will を主語の前に

〈疑問文〉 **Will** Ken go there tomorrow? ケンは明日そこに行くでしょうか。

〈答え方〉 Yes, he **will**. ／ No, he **won't**〔**will not**〕.

はい、行くでしょう。　　　いいえ、行かないでしょう。

ここ大事！

---

1 次の文を否定文に書きかえるとき、＿＿＿に適する語を書きましょう。

やってみよう

(1) I will stay in Tokyo next week.

　I ＿＿＿＿＿ ＿＿＿＿＿ ＿＿＿＿＿ in Tokyo next week.

(2) We will come home early today.

　We ＿＿＿＿＿ ＿＿＿＿＿ home early today.

(3) It will be cloudy tomorrow.

　It ＿＿＿＿＿ ＿＿＿＿＿ cloudy tomorrow.

2 次の文を疑問文に書きかえるとき、＿＿＿に適する語を書きましょう。

(1) Ann will walk to school tomorrow.

　＿＿＿＿＿ ＿＿＿＿＿ ＿＿＿＿＿ to school tomorrow?

(2) They will visit Tom in the hospital.

　＿＿＿＿＿ ＿＿＿＿＿ ＿＿＿＿＿ Tom in the hospital?

何問できた？ 5 問中　　問

70 現在形と未来形①

月　日

★ be動詞の現在形…is、am、are の3つ。主語によって使い分け！

● 「～は…です。」の意味を表す

ここ
大事！

Tom is a new student. トムは新入生です。

● 「～は…にいます〔あります〕。」の意味を表す

Tom is in the park. トムは公園にいます。

be動詞の原形は
どれも be！

★ be動詞の未来形…〈 will be 〉。主語に関係なくこの形！

●単純な未来を表すものと意志を表すものがある

I'll be 14 years old next week. 私は来週14歳になります。〈単純な未来〉

I'll be home by six today. 私は今日は6時までに帰宅します。〈話者の意志〉

1 意味のちがいがわかるように、日本文になおしましょう。

やって
みよう

(1) ① The actor is very famous now.

（　　　　　　　　　　　　　　　）

② The actor will be very famous in a year or two.

（　　　　　　　　　　　　　　　）

(2) ① All the students are in the gym.

（　　　　　　　　　　　　　　　）

② All the students will be in the gym tomorrow morning.

（　　　　　　　　　　　　　　　）

(3) ① I'll be back here by seven this evening.

（　　　　　　　　　　　　　　　）

② The lost dog will be back here soon.

（　　　　　　　　　　　　　　　）

□ actor［アクタァ］俳優　　□ famous［フェイマス］有名な　　□ in a year or two　1、2年で
□ all［オール］すべての　　□ be back　もどって来る　　□ lost［ロースト］迷った、行方不明の

何問できた？　6問中　　問

71 現在形と未来形②

月　日

★ 一般動詞の現在形…主語が3人称単数のとき動詞に s や es がつく！

ここ大事！

He **gets** up at six every day. 彼は毎日6時に起きます。

He **has** two sons. 彼には息子が2人います。

★ 一般動詞の未来形…**will** か **be going to**＋動詞の原形！

I **will** get up early tomorrow. 私は明日は早く起きるつもりです。

He **is going to** see Ami. 彼はアミに会うつもりです。

注意 現在進行形が近い未来を表すこともある。時を表す副詞（句）をともなうことが多い。

leave 出発する　**come** 来る　**go** 行く　**start** 出発する　**arrive** 着く
など、発着などにかかわる動詞が使われる。

Tom <u>is leaving</u> Japan soon. トムはもうすぐ日本を出発する予定です。

---

1 意味のちがいがわかるように、日本文になおしましょう。

やってみよう

(1) ① He goes to bed at ten every day.

(　　　　　　　　　　　　　　　　　　　　)

　② He will go to bed at ten today.

(　　　　　　　　　　　　　　　　　　　　)

(2) ① Look! Bob is going to school with a friend.

見て！　(　　　　　　　　　　　　　　　　　)

　② Bob is going to study at home today.

(　　　　　　　　　　　　　　　　　　　　)

(3) ① Look! The train is leaving the platform.

見て！　(　　　　　　　　　　　　　　　　　)

　② This train is leaving in ten minutes.

(　　　　　　　　　　　　　　　　　　　　)

....

□ platform［プラットフォーム］（駅の）ホーム　　□ in［イン］（時間が）〜後に　　□ minute［ミニット］（時間の）分

解答 → P.104

何問できた？　6 問中　　問

72 確認問題 8

 うでだめし やってみよう

 表裏 10分! 月　　日

1 (　　) 内から適する語句を選んで、○でかこみましょう。　[各4点×6問]

(1) I (am / are) going to stay in America.

(2) We are going to visit London (last month / next month).

(3) He (go / goes) to the park early in the morning.

(4) She (will / wills) study in the library tomorrow.

(5) My sister is going to (is / be) a teacher.

(6) (They / They're) going to meet at the station.

2 〔　　〕内の指示にしたがって、書きかえましょう。　[各6点×4問]

(1) We will have some guests tomorrow. 〔否定文に〕

_____

(2) Tom is going to leave Japan this year. 〔否定文に〕

_____

(3) His brother is going to walk to school tomorrow. 〔疑問文に〕

_____

(4) He is going to meet three people there.

〔下線部をたずねる疑問文に〕

_____

\ヒント/

1 (6) be動詞の有無に注意。station は「駅」。
2 (1) some に注意。guest は「客」。　(4) 下線部は数を表している。

裏面に続くよ

3 日本文に合うように、＿＿＿＿に適する語を書きましょう。 [各6点×4問]

(1) 私は来週いそがしいでしょう。

I ＿＿＿＿＿ ＿＿＿＿＿ busy next week.

(2) 彼は明日サッカーをしないでしょう。

He ＿＿＿＿＿ ＿＿＿＿＿ soccer tomorrow.

(3) 私は明日遅く起きるつもりです。

＿＿＿＿＿ ＿＿＿＿＿ get up late tomorrow.

(4) あなたは明日家にいるつもりですか。

＿＿＿＿＿ you ＿＿＿＿＿ to stay home tomorrow?

4 日本文に合うように、( ) 内の語を並べかえて、全文を書きましょう。[各7点×4問]

(1) あなたは今夜ここで何をするつもりですか。

(you / to / are / what / going / do) here tonight?

＿＿＿＿＿＿＿＿＿＿＿＿＿＿＿＿＿＿

(2) 彼女はアメリカでどこに住む予定ですか。

(she / in / where / live / will) America?

＿＿＿＿＿＿＿＿＿＿＿＿＿＿＿＿＿＿

(3) あなたは何時に家を出るつもりですか。

(time / are / leave / what / you / going / to) home?

＿＿＿＿＿＿＿＿＿＿＿＿＿＿＿＿＿＿

(4) あなたは明日どのようにして学校へ行きますか。

(will / school / you / go / how / to) tomorrow?

＿＿＿＿＿＿＿＿＿＿＿＿＿＿＿＿＿＿

\ ヒント /

3 (1) be 動詞の原形を使う。 (2) 短縮形を使う。
4 疑問詞のあとに疑問文の語順を続ける。

解答 ➔ P.104

何点とれた？ ＿＿＿＿ 点

73 まとめテスト1

表裏 10分！

月　　日

1 〔　　　〕内の指示にしたがって、書きかえましょう。　　　　[各6点×4問]

(1) He swims in the river. 〔文末に now を加えて現在進行形の文に〕

_____

(2) Mike has a new car. 〔否定文に〕

_____

(3) Luke bought this bike last week. 〔疑問文に〕

_____

(4) He reads <u>five</u> books every month. 〔下線部をたずねる疑問文に〕

_____

2 日本文に合うように、_____に適する語を書きましょう。　　　[各6点×4問]

(1) あなたは毎日どのようにして学校へ行きますか。

_____ you go to school every day?

(2) ミオは昨日英語を勉強しませんでした。

Mio _____ English yesterday.

(3) （私が）ドアを開けてもいいですか。

_____ open the door?

(4) 今日は何曜日ですか。

_____ is today?

\ ヒント /

1 (1) swim の ing 形に注意。　(3) bought は buy の過去形。
2 (2) 短縮形を使う。　(3) 許可を求める言い方になる。

裏面に続くよ

3 ほぼ同じ内容を表すように、_____に適する語を書きましょう。［各8点×3問］

(1) This is my pencil.

This pencil is _____.

(2) Jun is a very good basketball player.

Jun _____ basketball very _____.

(3) This room has two windows.

_____ two windows _____ this room.

4 日本文に合うように、（　）内の語を並べかえて、全文を書きましょう。ただし、下線部の語は適切な形にかえましょう。［各7点×4問］

(1) あなたはここで何をしているのですか。

(you / here / are / what / do / ?)

_____

(2) 私は公園でたくさんの人々を見ました。

(see / in / park / lot / people / I / a / the / of / .)

_____

(3) あなたは今朝何時に起きましたか。

(you / morning / what / up / this / time / do / get / ?)

_____

(4) これらのえんぴつを使わないでください。

(pencils / please / use / don't / this / , / .)

_____

\ヒント/
3 (2)「とてもじょうずにする」と考える。　(3) windows と複数形であることに注意。
4 (1) 現在進行形の疑問文。　(2) see は不規則動詞。　(4) pencils と複数形であることに注意。

❶ 〔　　〕内の指示にしたがって、書きかえましょう。　　　　　　　　　［各6点×4問］

(1) They visited New York last year. 〔疑問文に〕

_____

(2) Mike lives near the station. 〔下線部をたずねる疑問文に〕

_____

(3) Meg ate bread for breakfast. 〔否定文に〕

_____

(4) Kate is five years old now. 〔下線部をたずねる疑問文に〕

_____

❷ 日本文に合うように、_____ に適する語を書きましょう。　　　　　［各6点×4問］

(1) あなたは土曜日に何をしますか。

_____ do you _____ Saturdays?

(2) ユウナは今公園で走っています。

Yuna _____ _____ in the park now.

(3) あなたはいつ日本に来ましたか。

_____ _____ you come to Japan?

(4) 壁にかかっているあれはだれの絵ですか。

_____ is that on the wall?

＼ヒント／
❶ (2) 下線部は場所を表している。　(3) bread は「パン」。　(4) 年齢をたずねる疑問文になる。
❷ (1) Saturdays と複数形なので、every は使えない。　(2) 現在進行形の文になる。

裏面に続くよ

③ ほぼ同じ内容を表すように、＿＿＿＿＿に適する語を書きましょう。 ［各8点×3問］

(1) I have long hair.

＿＿＿＿＿＿＿ hair is long.

(2) I have no brothers.

I ＿＿＿＿＿＿＿ have ＿＿＿＿＿＿＿ brothers.

(3) Ms. Anderson is an English teacher at our school.

Ms. Anderson ＿＿＿＿＿＿＿＿＿＿＿ at our school.

④ 日本文に合うように、（　　）内の語を並べかえて、全文を書きましょう。ただし、下線部の語は適切な形にかえましょう。 ［各7点×4問］

(1) 私は昨日早く寝ました。

(bed / I / to / early / <u>go</u>) yesterday.

＿＿＿＿＿＿＿＿＿＿＿＿＿＿＿＿＿＿＿＿＿＿＿＿＿＿

(2) 彼らは体育館で何を練習しているのですか。

(<u>practice</u> / in / gym / the / they / are / what / ?)

＿＿＿＿＿＿＿＿＿＿＿＿＿＿＿＿＿＿＿＿＿＿＿＿＿＿

(3) 昨日の札幌の天気はどうでしたか。

(weather / how / in / the / Sapporo / <u>is</u>) yesterday?

＿＿＿＿＿＿＿＿＿＿＿＿＿＿＿＿＿＿＿＿＿＿＿＿＿＿

(4) 私はあまり速く走ることができません。

(I / fast / very / run / <u>can</u> / .)

＿＿＿＿＿＿＿＿＿＿＿＿＿＿＿＿＿＿＿＿＿＿＿＿＿＿

＼ヒント／

③ (1) 所有格を使って表す。hair は「髪の毛」。　(2) no の内容を2語で表す。　(3) 一般動詞を使って表す。
④ (1) go は不規則動詞。　(2) practice の ing 形は、ing をつけるだけではない。

何点とれた？　＿＿＿＿＿ 点

解答編

UNIT 1 英語の基本と be 動詞

1 アルファベットの復習①

1 (順に) C F K P S W Y

2 (順に) a e g l q t w y

3 (1) d (2) g (3) h (4) r (5) s (6) t

4 (1) A (2) B (3) D (4) F (5) K
(6) M

5 (1) book (2) park
(3) dog (4) bike

解き方

1 小文字と比べておこう。

2 大文字の I (アイ) と小文字の l (エル) をまちがえないように。

5 (1)(3)(4) b (B の小文字) と d (D の小文字) に注意。

2 アルファベットの復習②

1 (1) chair (2) apple
(3) plane (4) cat
(5) fish (6) train

2 (1) bird (2) tree (3) school
(4) eraser (5) egg

3 英語の語順①

1 (1) I run (2) I walk

2 (1) 走ります
(2) 散歩します〔歩きます〕
(3) 泳ぎます

解き方

1 (2) 私は 散歩する (朝に). の語順。

4 英語の語順②

1 (1) play tennis
(2) play baseball

2 (1) like volleyball
(2) like basketball
(3) like tennis

解き方

1 〈動詞＋スポーツ名 (〜を)〉の形にする。

> **ここも大事!**
>
> **英文を書くときの注意!**
>
> I (私は) は英文中のどこでも大文字で書くが、これ以外は原則的に小文字で書くこと。ただし、文のはじめの文字は大文字にする。

2 絵からそれぞれの人が好きなスポーツをさがす。
(1) レンが好きなスポーツはバレーボール (volleyball)。
(2) ケイが好きなスポーツはバスケットボール (basketball)。
(3) ユイが好きなスポーツはテニス (tennis)。

5 a と an

1 (1) a (2) a (3) an (4) an
(5) a (6) a

2 (1) a (2) ○ (3) an (4) an
(5) ○ (6) ○ (7) a (8) a

解き方

1 (1)(2) 次の名詞が母音で始まっていないので a。
(3)(4) 次の名詞が母音で始まっているので an。
(5)(6) 次の形容詞が母音で始まっていないので a。

> **やりがちミス!**
> 名詞が母音で始まっていても、その前の形容詞が母音でなければ a を使うことに注意。
> ✗ an big apple
> ○ a big apple

2 あとに続く名詞あるいは形容詞が母音で始まっていれば an、そうでなければ a を使う。

> **ここも大事!**
> **a、an を使わない場合!**
> スポーツの名前 (baseball や tennis など) や教科名 (English (英語) や math (数学) など) には a も an もつけない。
> また、人名、地名、国名にもつけない。
> ○ I like tennis. (✗ I like a tennis.)
> ○ I like math. (✗ I like a math.)
> なお、日本語では本は「冊」、車は「台」ということばをつけて表すが、英語ではこのように名詞によって使い分けることはない。

⑥ 名詞の複数形

❶ (1) bags　(2) cars　(3) buses
　　(4) cameras　(5) libraries
　　(6) cats　(7) eggs　(8) knives

❷ (1) three books
　　(2) five boxes
　　(3) many countries
　　(4) some pencils

解き方

❷ (2) box は x で終わっているので es をつける。
　　(3) country は〈子音字＋y〉で終わっているので、
　　　　y を i にかえて es をつける。
　　(4) pencil は s をつけるだけでよい。

 ここも大事！

不規則な変化をする複数形にも
注意！

foot（足）→ feet
mouse（ハツカネズミ）→ mice
以下のものは単数形と複数形が同じ！
fish（魚）　sheep（羊）
Japanese（日本人）　yen（円）

⑦ be 動詞①

❶ (1) am　(2) are
　　(3) I'm　(4) You're

❷ (1) I am a student.
　　(2) You are from Osaka.

解き方

❶ やりがち
ミス！　✕ You a teacher. I や You を
イコールの関係でつなぐ語がない
ので、必ず am や are を使う。

❷ (2) You are 〜. で「あなたは〜です。」の意味。
　　from は「〜出身の」という意味。

 ここも大事！

am や are に続く in

名詞の前に置いて使う前置詞の１つ "in" を、
I am や You are のあとに置くと「私は〔あな
たは〕〜にいる」の意味を表す。
　I am in Kyoto.（私は京都にいます。）
　You are in Nagasaki.
　（あなたは長崎にいます。）

⑧ be 動詞②

❶ (1) is　(2) He　(3) She

❷ (1) She is a nurse.
　　(2) He's from London.

解き方

❶ (1) 主語が She のときの be 動詞は is。
　　(2) Mr. は男性を表すので He。
　　(3) Ms. は女性を表すので She。

❷ (2) he's は he is の短縮形であることから考える。

 ここも大事！
　　　大文字にする場合！

"I" はつねに大文字。また、文の書き出しは大文
字。
ほかに次のような場合に大文字にする。
・人名、地名、国名　　Kaito（カイト）
　Helen Smith（ヘレン・スミス）
　Tokyo（東京）　　Nagoya（名古屋）
　Japan（日本）　　America（アメリカ）
・Mr.　Ms.　Mrs.（Mrs. は結婚している女
性に使い、Ms. は結婚に関係なく使う）

⑨ be 動詞③

❶ (1) This is　(2) That is a
　　(3) It is a

❷ (1) This is　(2) That is[That's]
　　(3) This is a
　　(4) That is[That's] a

解き方

❶ (3) 〈a ＋形容詞（new）＋名詞（book）〉の語順。

 やりがち
ミス！　形容詞がある文の語順に注意！
・a や an がある場合
　✕ new a book
　◯ That is a new book.
　〈a[an]＋形容詞＋名詞〉の形に
・be 動詞のあとに形容詞がくる場合
　✕ This interesting is.
　◯ This is interesting.
　〈This[That] is ＋形容詞。〉の形に

❷ (1) ノートは近くにあるので This を使う。
　　(2) コンピュータは遠くにあるので That を使う。
　　(3) ボールは近くにあるので This を使う。ball
　　　　の前の a を忘れないこと。
　　(4) 鳥は遠くにいるので That を使う。bird の前
　　　　の a を忘れないこと。

❶ (1) They　(2) are　(3) nurses
❷ (1) We are new teachers.
　(2) They are old bikes.

(解き方)

❶ (3)「あなたは」なら nurse の前に a が必要。

> **ここも大事!**
> You の単数・複数の見分け方！
> あとに名詞が続くときは単数か複数かで決められるが、形容詞だけが続くときは、前後関係から判断しよう！

❷ まず主語になる語をさがす。
　(1) 主語は We で「私たちは～です。」の文。
　(2) 主語は They で「それらは～です。」の文。

11 代名詞①

❶ (1) we　(2) it　(3) they
　(4) you　(5) they　(6) she
❷ (1) are students
　(2) a、teacher
　(3) They are

(解き方)

❶ (1)「トムと私は」→「私たちは」
　(2)「(1本の)えんぴつは」→「それは」
　(3)「2本のえんぴつは」→「それらは」
　(4)「あなたとエミは」→「あなたたちは」
　(5)「エイミーとアミは」→「彼女たちは」
　(6)「(1人の)少女は」→「彼女は」
❷ まず主語になる代名詞の単数・複数に注意する。
　(1) 主語が複数になるので be 動詞を are に。
　(2) You は単数になるので teacher の前に a が必要。
　(3) 主語が複数になるので、be 動詞を are に。

> **やりがちミス!**
> 主語の単数・複数にそろえて a や an、名詞の単数形・複数形を考える。
> We are ✕ a student.
> We は複数を表すので、a は不要になり、student も複数形にする。
> ○ We are students.
> （私たちは生徒です。）

12 代名詞②

❶ (1) my　(2) Her　(3) their
　(4) brothers
❷ (1) That is her new computer.
　(2) His father is in London.

(解き方)

❶ (1) 名詞 friend の前なので所有格の my。
　(2) 名詞 name の前なので所有格の Her。ここでは Her name が文の主語。
　(3) 名詞 classmates の前なので所有格の their。
　(4) 主語が They で複数を表すので、所有格のあとの名詞も複数形にする。

> **やりがちミス!**
> They は複数の意味しかないので、次のようにするのは誤り。
> They are his ✕ brother.
> → brothers に

❷ (1)〈所有格(her)+形容詞(new)+名詞(computer)〉の語順になる。
　(2) His father が文の主語。

13 be 動詞の使い分け①

❶ (1) is　(2) is　(3) am　(4) is　(5) are
❷ (1) I am his brother.
　(2) That woman is our mother.

(解き方)

❶ (1) Mr. Nakamuraは He に置きかえられるので、is を使う。
　(2) This bridge は It に置きかえられるので、is を使う。
　(4) My sister は She に置きかえられるので、is を使う。
❷ まず主語になる語句をさがす。
　(1) 主語は I になるので、be 動詞は am。
　(2) 主語は That woman になるので、be 動詞は is。

> **やりがちミス!**
> (2) ✕ That is our woman mother.
> も文法的には可能だが、「私たちの女性の母親」はふつうには意味が結びつかない。作った英文はいつも読み返すように心がけよう。

14 be 動詞の使い分け②

❶ (1) are (2) are (3) students
(4) are

❷ (1) are、players (2) are、singers

解き方

❶ (3) student ならその前に a が必要。
(4) 主語は「アンナと私は」で複数。

❷ 複数なので、a をとり、名詞を複数形に。

 (2) They are popular ✗ singer
in Japan.
複数を表す主語 They に合わせ
て singers にする。

15 be 動詞の否定文

❶ (1) am not (2) is not from

❷ (1) My sister isn't in her room
now.
(2) Our parents aren't busy
today.

解き方

❷ (1) isn't は is not の短縮形。
(2) aren't は are not の短縮形。

16 be 動詞の疑問文

❶ (1) Are you (2) Is your mother
(3) Is this student

❷ (1) he is
(2) they aren't[they're not]

解き方

ここも大事！
疑問文には ? が必要！
日本語では疑問文でもふつうは ? を使わない
が、英語の疑問文では必ず ?(クエスチョンマー
ク)をつけるよ。

❷ 疑問文の主語は代名詞にする。
(1)「彼女のお兄さん[弟さん]」→「彼」
(2) 空所が 2 つなのでどちらかを短縮形にする。

17 確認問題 1

❶ (1) is (2) am (3) are
(4) not (5) are

❷ (1) They are[They're] new
nurses.
(2) Is Minato a basketball
player?
(3) My father is not[isn't] an
English teacher.
(4) They are my good friends.

❸ (1) aren't in (2) I'm not
(3) Are you (4) we are

❹ (1) This is not my new bike.
(2) Ten children are in that park
now.
(3) Are Ren and Aoi good
baseball players?
(4) No, they are not.

解き方

❶ (3) 主語が複数。
(4) 2 つ目の文の内容をもとに考える。

❷ (1) 主語が They になると be 動詞もかわる。また、
a もとる。
(4)「あの少年や少女たちは」→「彼らは」

❸ (1) are not の短縮形を使う。
(2) I am の短縮形を使う。
(4) 答えの文の主語は we になる。

 Are you ～?(あなたたちは～)
と聞かれているので、答えの文で
は「私たちは」になる。疑問文の主
語をそのまま使って、Yes, ✗ you
are. とはしない。

❹ (1) not は be 動詞 is のあと。
(2) be 動詞のあとに in が続くと「～にいる、ある」
の意味。
(3) 主語は Ren and Aoi。

 (3) 疑問文の最後にはクエスチョ
ンマーク(?)を必ず打つこと。
Are Ren and Aoi ～ ✗ .

18　一般動詞①

1 (1) have　(2) help　(3) study
　(4) want　(5) watch

2 (1) I play the piano every day.
　(2) I speak English and French.

解き方

1 (1) have には「食べる、飼っている」などの意味も
　ある。
　(5) watch は主に動きのあるものを「見る」ときに使
　い、目に入ってくるようなものを「見る、見える」
　ときにはseeという動詞を使う。watchはスポー
　ツやテレビなどを見るときに使うことが多い。

19　一般動詞②

1 (1) listen　(2) look　(3) get　(4) go

2 (1) We look at beautiful flowers
　in the park.
　(2) I get to school at eight.

解き方

2 (1)「～を見る」には必ずlookのあとにatが必要！

20　一般動詞の否定文

1 (1) don't　(2) don't

2 (1) I do not have a car.
　(2) They don't watch TV in this
　room.
　(3) We don't get up early on
　Sunday.

解き方

1 do not の短縮形 don't を使う。

場所や時を表す語句の位置

in the park のような場所を表す語句は、
特に強調する以外は文末に置く。**2**(3)の on
Sunday は時を表す語句。

(2)(3) 日本語の「見ません」「起き
ません」につられて ✕ watch
don't や ✕ get up don't とし
ないこと。

21　一般動詞の疑問文

1 (1) Do、play　(2) Do、come

2 (1) Do / Yes　(2) Do / we
　(3) Do / don't

解き方

1 (2) parents は parent の複数形だが、多くの
　場合「両親」の意味になる。「ここに来る」は
　come to here とはしない。

2 (2)「あなたとアキは？」は答えの文では「私たちは
　～」になる。
　(3) No で答えているので、do not の短縮形 don't
　が入る。

22　3人称単数現在形①

1 (1) comes　(2) runs　(3) teaches
　(4) plays　(5) uses　(6) knows
　(7) looks　(8) gets　(9) watches

2 (1) Kate listens to music every
　day.
　(2) Mr. Yamada washes this car
　on Sunday.
　(3) My mother and father like
　this movie.

解き方

1 (3)(9) ch で終わっているので es をつける。
　それぞれの動詞の意味は、(1) 来る　(2) 走る　(3) 教
　える　(4)（スポーツを）する、（楽器を）ひく　(5) 使
　う　(6) 知っている　(7) 見る　(8) 得る　(9) 見る

2 (1) 代名詞では She に置きかえられる。
　(2) 代名詞では He に置きかえられる。
　(3) 主語は My mother and father の2人で複
　　数。代名詞では They に置きかえられる。

(3) My mother and father
✕ likes this movie.
my mother と (my) father
が and で結ばれているので2
人になり、単数ではない。

23 3人称単数現在形②

1 (1) knows (2) does (3) lives (4) use

2 (1) Ken goes to school every day.
(2) Aya studies English every day.
(3) She has a lot of friends in Japan.
(4) His son tries anything new.

解き方

1 (2) do は o で終わるので es をつけて does。
(4) 主語が複数なので s をつける必要がない。

 ここも大事！

一般動詞の do に注意！

do は一般動詞の疑問文や否定文を作るときに使う以外に、一般動詞として「(〜を)する」の意味で使われる。この意味で使われるときはふつう「〜を」にあたる目的語が続く。(2)では her homework(彼女の宿題)が目的語。

2 やりがちミス！

go → goes ✕ gos
study → studies ✕ studys
have → has ✕ haves
この3つは必出！

24 3人称単数現在形の否定文

1 (1) doesn't (2) doesn't

2 (1) He does not speak English at home.
(2) Emma doesn't have many books in her room.
(3) My father doesn't use this computer.

解き方

2 (1) does not のあとに動詞の原形 speak を続ける。
(2)(3) 短縮形 doesn't のあとに動詞の原形を続ける。

25 3人称単数現在形の疑問文

1 (1) Does、clean (2) Does、come

2 (1) Does / Yes / studies
(2) Does /doesn't / has

解き方

1 (1) cleans を原形の clean にする。
(2) comes を原形の come にする。

2 (1) 3つ目の空所には study の3人称単数現在形の形が入る。
(2) 3つ目の空所には have の3人称単数現在形の形が入る。

 やりがちミス！

(1) She ✕ study English hard every day.
(2) He ✕ have only one brother.

26 確認問題 2

1 (1) play (2) cleans (3) has (4) teaches (5) uses

2 (1) Helen goes to the park every day.
(2) Do you get up early on Sunday?
(3) His brother doesn't[does not] wash his bike here.
(4) Do you watch TV (every day)?

3 (1) doesn't do (2) don't listen
(3) Do you (4) we don't

4 (1) Do you speak English and French?
(2) Emma does not help her mother.
(3) Does your father come home early every day?
(4) No, he doesn't.

解き方

1 (1)以外の主語は3人称単数。
(1) 「ピアノ」を「ひく」。
(2) 「これらの部屋」を「そうじする」。

(3)「本」を「持っている」。
(4)「英語と数学」を「教える」。
(5)「コンピュータ」を「使う」。

❷ (4)「私は～」と答えているので、疑問文の主語は「あなたは」の you になる。

❸ (1) 空所が 2 つなので、does not の短縮形を使う。
(3)(4)「あなたたちは？」という疑問文なので、答えの文では「私たちは」の we を使う。

❹ (2) この文では does not で短縮形は使わない。
(4) your father は答えの文では he になる。

UNIT 3　現在進行形・can・命令文

㉗　現在進行形①

❶ (1) am cleaning
(2) am walking

❷ (1) I am singing an English song now.
(2) I'm doing my homework in my room.
(3) I'm reading a book now.

解き方

❶

ここも大事!
短縮形を使おう！
I am は短縮形を使うほうが自然。
I am cleaning my room.
= I'm cleaning my room.

❷

やりがちミス!
○ I am singing an English song now.
✕ I singing an English song now.
現在進行形の文には必ず be 動詞が必要！

㉘　現在進行形②

❶ (1) am　(2) is　(3) are　(4) are

❷ (1) I am writing a letter to my mother.
(2) They are swimming in the sea.
(3) Kate is making a doll.

解き方

❶ (4) you は単数（あなた）でも複数（あなたたち）でも are。

ここも大事!
注意すべき～ing 形！
see（見る、見える）→ seeing
make（作る）　→ making
sit（すわる）→ sitting
lie（横になる）→ lying

❷ (1) write の ing 形は writing で e をとる。is が不要。
(2) swim の ing 形は swimming で m を重ねる。am が不要。
(3) make の ing 形は making で e をとる。are が不要。

㉙　現在進行形の否定文と疑問文

❶ (1) are not studying
(2) isn't doing

❷ (1) Are / Yes　(2) Is / isn't
(3) Are / they

解き方

❶ (2) 空所が 2 つなので、isn't を使う。

❷ (1) 答えの文の主語 we にも注意しておく。
(2) 主語が your sister なので is を使う。答えの文は No なので、空所は is not の短縮形。
(3) 主語が Amy and Emma なので、are を使う。答えの文は複数なので、they を使う。

やりがちミス!
(2) No, she ✕ is. 空所が 1 つだからといって is が入るわけではない。特に No の答えでは、短縮形を使うことを考えよう！

㉚　現在形と現在進行形

❶ (1) 彼は毎日英語を勉強します。
(2) 彼は今自分の部屋で英語を勉強しています〔しているところです〕。

❷ (1) knows　(2) cleaning
(3) wants　(4) see
(5) am having

❶ (1)は毎日の習慣で、(2)は勉強しているという進行中の動作を表している。
❷ (1) know は状態を表す動詞なので進行形にしない。
 (3) want は状態を表す動詞なので進行形にしない。
 (4) see（見えてくる、見える）や hear（聞こえてくる、聞こえる）のような状態を表す動詞はふつう進行形にしない。
 (5) have は「持っている」の意味のときは進行形にしないが、「食べる、飲む」の意味で使うときは進行形にすることができる。

③① can ①

❶ (1) can cook　(2) can run
 (3) can play
❷ (1) We can go to the gym today.
 (2) They can speak three languages well.
 (3) I can get to school by eight.

解き方

❶

ここも大事！　canの文によく使われる語句！
well（じょうずに、うまく）、fast（速く）、
early（早く）、today（今日）、tomorrow（明日）、
in the morning[afternoon]（午前〔午後〕に）

❷ (2) well は文末に置くことにも注意。
 (3) by は「～までに」の意味で、時間の期限を表す。

③② can ②

❶ (1) can play　(2) can watch
 (3) can have
❷ (1) She can help her mother in the evening.
 (2) My brother can get up early every day.

解き方

❷ (1) She helps her mother in the evening. とすると 2 語あまってしまう。helps が不要。
 (2) cans のように、助動詞（can）に s や es がつくことは絶対にない。cans が不要。

③③ can の否定文

❶ (1) can't[cannot] drive
 (2) can't[cannot] sing
 (3) can't[cannot] open
❷ (1) Beth can't write *kanji* well.
 (2) We cannot walk to school today.
 (3) You can't play tennis in this park.

解き方

❷

ここも大事！　主語が You の否定文！
(3)のように、主語が You のときは「あなたは公園でテニスをすることができません。」だけでなく、「テニスをしてはいけません」のような、禁止を遠まわしに伝える言い方にもなる。

③④ can の疑問文

❶ (1) Can Emi use
 (2) Can you send
 (3) Can that boy swim
❷ (1) she can
 (2) I can't[cannot] /
 we can't[cannot]

解き方

❷ (2) 質問の文のyouは単数とも複数ともとれるので、答えの文の主語は I か we のどちらでもよい。

やりがちミス！　答えの文の主語に注意！
(1) ✕ Yes, Ms. Hara can.
　〇 → Yes, she can.
(2) ✕ No, you can't.
　〇 → No, I[we] can't.

ここも大事！ 依頼を表す Can you ～？ への答え方！

依頼の文の答えの文には次のようなものがある。
Sure.（もちろん。）
Yes, of course.（はい、もちろんです。）
All right.（いいですよ。）
Sorry, I'm busy now.
（すみません、今いそがしいのです。）

35 命令文①

1 (1) Open　(2) Use　(3) Be quiet
2 (1) Get up early tomorrow morning, Ken.
　(2) Go to bed early tonight, please.
　(3) Be careful in Tokyo.

ここも大事！ Be で始まる命令文！

Be のあとには形容詞だけでなく、名詞が続くこともある。
Be a good boy.
（いい子にしなさい。／いい子でいなさい。）

2 (1) 最後の Ken は相手に対する呼びかけのことば。
　　呼びかけは文末に置くのがふつう。
　(2) please は文頭に置くこともある。

ここも大事！ 呼びかけと主語をまちがえない！

文頭の呼びかけのあとには、コンマ（ , ）が必要になる。
Taku gets up early every morning.
（タクは毎朝早く起きます。）　〈主語〉
Taku, get up early every morning.
（タク、毎朝早く起きなさい。）　〈呼びかけ〉

36 命令文②

1 (1) Don't open　(2) Don't be
　(3) Let's sing
2 (1) Don't use my computer today, please.
　(2) Don't be late for school, Shota.
　(3) Let's go to the library together.

解き方
2 (2) Shota は呼びかけのことば。
　(3) Let's の文にはよく together（いっしょに）が使われる。

ここも大事！ Let's に be が続く場合！

Let's のあとには be 動詞の原形が続くこともある。
Let's be quiet in this room.
（この部屋では静かにしましょう。）

37 確認問題 3

1 (1) swimming　(2) knows
　(3) writing　(4) Be　(5) making
　(6) play
2 (1) Don't drive my car.
　(2) Jane can read *kanji* and *kana*.
　(3) I'm[I am] using my new computer.
　(4) Can you play the violin?
3 (1) I'm doing　(2) Don't be
　(3) Can、speak
　(4) No、can't[cannot]
4 (1) Can you help my mother tomorrow morning?
　(2) Nami is not running in the park.
　(3) Let's listen to this music together.
　(4) My father can't sing this song well.

解き方
1 (1) 現在進行形の文。swim は m を重ねる。
　(2) know は進行形にしない動詞。
　(3) 現在進行形の文。write は e をとって ing。
　(4) be 動詞の命令文。be 動詞の原形 be で始める。
　(5) 現在進行形の文。make は e をとって ing。
　(6) can のあとは動詞の原形。
2 (3) use の ing 形は e をとって ing をつける。
　(4) 「あなたはバイオリンをひくことができますか。」という文を作る。

③ (1) 空所が2つなので、I am の短縮形を使う。
(2) be 動詞の原形 be を Don't のあとに使う。
(3)(4)「あなたの弟さん」は答えの文では he になることにも注意。can't か cannot を使う。can not と2語で使うことはふつうない。
④ (1)「〜してくれますか、〜してくれませんか」と依頼をするときは Can you 〜? を使う。
(2) 現在進行形の否定文になる。be 動詞のあとに not を入れる。
(3)「〜しましょう」は Let's のあとに動詞の原形を続ける。
(4) can の否定文になる。can't のあとに動詞の原形を続ける。

UNIT 4　疑問詞疑問文

㊳　疑問詞疑問文ｗｈａｔ①

❶ (1) What、that
(2) What does
(3) What can
❷ (1) What are those animals?
(2) What is he doing here?

解き方

❶ be 動詞の文か一般動詞の文かをまず考える。

やりがちミス！
疑問詞のあとは疑問文の語順にする。
(1) What ✕ that is?
　→ ○ What is that?
(2) What ✕ he cooks …?
　→ ○ What does he cook …?
(3) What ✕ Ann can write?
　→ ○ What can Ann write?

❷ (1) 最後に複数形の名詞 animals があるので、この前に those を置く。
(2) doing があるので、What で始まる現在進行形の疑問文なる。

ここも大事！
名詞の前の this や these！
単数の名詞の前の this は「この」、that は「あの」の意味で、複数の名詞の前では these「これらの」、those「あれらの」となる。

㊴　疑問詞疑問文ｗｈａｔ②

❶ (1) 何時に
(2)（何月）何日
❷ (1) time、it　(2) What day

解き方

❶ (1) What time のあとに一般動詞の疑問文が続いている。
(2) 今日の日付をたずねる文。この言い方ではふつう What's と短縮形を使う。

ここも大事！
〈What＋名詞〜?〉の他の表現！
What animal do you like?
— I like pandas.
（あなたはどんな動物が好きですか。
　—パンダが好きです。）
What subjects do you study today?
— I study English and math.
（今日あなたは何の教科を勉強しますか。
　—英語と数学を勉強します。）

❷ (1) seven (in the morning) は時刻を答えているので、時刻をたずねる文。
(2) 答えの文に Friday とあるので、曜日をたずねる文。

㊵　疑問詞疑問文ｗｈｏ

❶ (1) Who is
(2) Who cooks
❷ (1) Who is your English teacher?
(2) Who has two dogs at home?
(3) Who's that girl in the classroom?

解き方

❶

やりがちミス！
(2) Who ✕ cook 〜?
　→ ○ Who cooks 〜?
答えの文でdoを使っていても、Who は3人称単数あつかい。

❷ (1) is があるので、Who is 〜? の疑問文に。
(2) has という一般動詞があるので、Who has 〜? の疑問文に。

have[has] はいろいろな意味に使われる。
次の日本語の下線部に注意しておこう。

I have a lot of books.
（私はたくさんの本を<u>持っています</u>。）
I have two sisters.
（私には姉妹が２人<u>います</u>。）
We have lunch in the classroom.
（私たちは教室で昼食を<u>食べます</u>。）
Do you have a cat at home?
（あなたは家でネコを<u>飼っています</u>か。）

41 疑問詞疑問文 whose

❶ (1) his (2) yours
(3) hers (4) theirs
❷ (1) mine (2) Whose

解き方

❶ やりがち
ミス！ (1) This bike is ✕ he's.
→〇 his
he's は he is の短縮形になる。

❷ (1) No. と答えているので、「私のもの」ではない
と考える。
(2) my friends と答えているので、Whose が入る。

 〈Whose＋名詞〉は一般動詞の
疑問文でも使われる！

〈Whose＋名詞〉のあとに、疑問文を続けて次
のような文を作ることもできる。

Whose books do you like?
— I like Dazai's books.
（あなたはだれの本が好きですか。―私は太
宰の本が好きです。）

42 疑問詞疑問文 when

❶ (1) 誕生日パーティーはいつですか
(2) いつ音楽を聞きますか
❷ (1) When is
(2) When do

解き方

❷ (1) 一般動詞がないので、be 動詞の疑問文になる。
(2) open という一般動詞があるので、do を使う。

43 疑問詞疑問文 where

❶ (1) 新しい家はどこですか〔どこにあり
ますか〕
(2) どこに住んでいますか
❷ (1) Where is
(2) Where is

解き方

❷ (1) 答えの文で場所（in the living room）を答え
ていて、She's と be 動詞が使われているので、
Where is が入る。
(2) She's watching と現在進行形で答えている
ので、疑問文も現在進行形の形にする。

 場所を表す語句の前に
置く前置詞！

・in…〜の中に〔で〕、（比較的広い場所）〜で、
〜に
・at…〔比較的せまい場所〕〜で、〜に
・on…〜の上に（接している状態のときに使う。
壁や天じょうにも使うことができる）
・under…〜の下に
・near…〜の近くに
・by…〜のそばに
・in front of 〜…〜の前に

44 疑問詞疑問文 how ①

❶ (1) ようす〔具合、調子〕はいかがですか
〔どうですか〕
(2) どのようにして開けますか〔開ける
のですか〕
❷ (1) How's、weather
(2) How does / by

解き方

❶ (1) be 動詞は主語によってかえる。あいさつ代わ
りに「調子はどうですか」の意味合いで使うも
のに次のようなものがある。
・How's[How is] everything?
・How's it going?
・How are you doing?
(2) How のあとは一般動詞の疑問文。

❷ (1) 答えの文で cold（寒い）と答えているので、天気をたずねる文にする。

　(2) 答えの文に there（そこへ）、bus（バス）があるので、「そこへバスで行く」という文だと考える。主語が 3 人称単数であることにも注意。

> **ここも大事！**
>
> 天気を表す語を覚えよう！
>
> ・名詞…rain（雨）　snow（雪）
> 　　　　cloud（雲）
> ・動詞…rain（雨が降る）　snow（雪が降る）
> ・形容詞…rainy（雨降りの、雨の多い）
> 　　　　　snowy（雪降りの、雪の多い）
> 　　　　　sunny（晴れた）cloudy（くもった）
> 　　　　　warm（暖かい）　hot（暑い）
> 　　　　　cool（すずしい）　cold（寒い）

④⑤　疑問詞疑問文how ②

❶ (1) ウ　(2) イ　(3) ア

❷ (1) How many
　(2) How much

解き方

❶ (3) ここでは相手に何かをすすめている文になる。

❷ (1) 答えの文で four dogs と数を答えているので、How many の疑問文に。

　(2) 答えの文で 1,000 dollars と値段を答えているので、How much の疑問文に。

> **ここも大事！**
>
> その他の How で始まる疑問文！
>
> ・**How much**＋（複数形にできない）名詞：
> 「どれくらい（の量）か」
> How much water do you need?
> （どれくらいの水が必要ですか。）
> ・**How long**「どれくらいの長さ〔期間〕か」
> How long is this bridge?
> （この橋の長さはどれくらいですか。）
> ・**How tall**「どれくらいの身長か、（ビルなどが）どれくらいの高さか」
> How tall are you?
> （あなたの身長はどれくらいですか。）
> ・**How high**「（山などが）どれくらい高いか」
> How high is Mt. Fuji?
> （富士山はどれくらいの高さがありますか。）

④⑥　確認問題 4

❶ (1) 何をしますか
　(2) どこでピアノをひきますか
　(3) いつ始まりますか

❷ (1) Where does Ms. May live?
　(2) Whose pencils are these?
　(3) How does Shota go to school?
　(4) Who walks in the park every morning?

❸ (1) How about [What about]
　(2) How's / It's
　(3) When、birthday
　(4) How much

❹ (1) Who are those girls in the park?
　(2) What time does he get up every morning?
　(3) How many people do you know in this town?
　(4) How old is this tall tree?

解き方

❶ (3) When は「いつ」と時をたずねる疑問詞。What time は「何時に？」と時刻をたずねるのに対し、When は幅広く時間をたずねる。

❷ (1) 下線部は「仙台に」という場所を表しているので、Where を使う。

　(2) Mayu's は「マユの」で所有を表しているので、Whose を使う。

　(3) 下線部は交通手段を表しているので、How を使う。

　(4) 下線部は人の主語になるので、Who を使う。

> **やりがちミス！**　(4) Who ✕ walk ～? Who は 3 人称単数あつかい。
> 　○ Who walks ～?

❸ (1) 「～はどうですか」は How about ～? この意味では What about ～? も使われるので、What about でも正解。

　(2) 最初に空所が 1 つしかないので、How is の短縮形 How's を使う。

　(3) When の疑問文。be 動詞の文。❶の(3)では一般動詞が使われていることに注意する。

(4) 「いくらですか。」と値段をたずねるのは How much ～?

やりがちミス！ (2) ✕ What's the weather ～? What を使って天気をたずねるときは次のように、like が必要になる。
What's the weather like in Mie?

❹ (1) those girls が複数なので、Who のあとは are those girls の語順になる。
(2) What time のあとに 3 人称単数の疑問文の語順を続ける。
(3) How many people のあとに一般動詞の疑問文の語順を続ける。How many people が know の目的語になる。
(4) 人以外に How old を使った文になる。

UNIT 5　過去の文

④⑦　一般動詞（規則動詞）の過去形

❶ (1) washed　(2) looked
(3) studied　(4) liked　(5) stopped
(6) wanted

❷ (1) We watched TV last night.
(2) Tom carried the big box yesterday.
(3) My father used this computer five days ago.

解き方

❶ (1) (2) (6) ed をつけるだけ。
(3) y を i にかえて ed をつける。
(4) d だけをつける。
(5) 最後の子音字 p を重ねる。

やりがちミス！ (3) ✕ studyed → ○ studied
(5) ✕ stoped → ○ stopped

❷ 主語が 3 人称単数でも、現在形のように形がかわることはない。
(1) watch には ed をつけるだけ。
(2) carries を carried にする。原形は carry。
(3) uses を used にする。原形は use。

④⑧　一般動詞（不規則動詞）の過去形

❶ (1) ran　(2) made　(3) read
(4) ate　(5) swam　(6) saw

❷ (1) I did my homework yesterday.
(2) We bought a lot of books here last month.
(3) Jane went to the park many years ago.
(4) Mana came to my house yesterday evening.

解き方

❶ (3) 発音には十分注意する。原形は［リード］、過去形は［レッド］になる。
❷ (1) この do は一般動詞。過去形は did。
(2) buy の過去形は bought。
(3) go の過去形は went。

ここも大事！　　過去を表す注意すべき語句！
「昨夜（昨日の夜）」は last night だが、以下のものにはふつう yesterday を使う。
yesterday morning（昨日の朝）
yesterday afternoon（昨日の午後）
yesterday evening（昨日の晩〔夕方〕）

④⑨　一般動詞の過去の否定文

❶ (1) didn't get　(2) didn't read
❷ (1) He did not come to the event last week.
(2) Emily didn't take any pictures in the park.
(3) My brother didn't have a bike at that time.

解き方

❶ (2) もとの文の read は現在形ではなく過去形。主語が 3 人称単数なので、現在の文なら read に s がつく。

some と any！

some は肯定文に使って「いくつかの」の意味を表す。否定文では some の代わりに any を使って「1つも、1人も（ない）」の意味になる。some や any のあとはふつう複数形にする。

I have **some** pencils in my bag.
（私はかばんに何本かのえんぴつを持っています。）
I don't have **any** pencils in my bag.
（私はかばんにえんぴつを1本も持っていません。）

50 一般動詞の過去の疑問文

1 (1) Did、play
(2) Did、write
2 (1) Did / Yes
(2) Did / didn't / made

解き方

1

やりがちミス！
(1)(2) Did を使ったらあとの動詞は原形に。
Did Yumi ✕ played → ○ play
Did he ✕ wrote → ○ write

51 be 動詞の過去形

1 (1) was (2) were (3) They
(4) Ren and Yuna
2 (1) I was twelve years old last year.
(2) Many people were in the park this morning.
(3) My brother was very hungry last night.

解き方

2 まず主語になる語をさがし、それに合う be 動詞を続ける。
(1) 主語は I、be 動詞は was。
(2) 主語は Many people、be 動詞は were。
(3) 主語は My brother、be 動詞は was。

52 be 動詞の過去の否定文と疑問文

1 (1) was not (2) were not
(3) wasn't
2 (1) Was it (2) Were they
(3) Were you

解き方

1 (3) 空所が1つなので、短縮形の wasn't を使う。

否定文の very や so に注意！

not very 〜は「あまり〜ない」、not so 〜は「そんなに〜ない」の意味になる。
This book is not very difficult.
（この本はあまり難しくありません。）
Tom is not so tall.
（トムはそんなに背が高くありません。）

2 疑問文は主語の前に be 動詞を出す。

53 確認問題 5

1 (1) made (2) was (3) got
(4) bought (5) swam (6) wrote
2 (1) They didn't[did not] play basketball in the gym.
(2) We weren't[were not] in Australia last summer.
(3) Did they study English at school yesterday?
(4) Was his new book very interesting?
3 (1) Did、go (2) Did、speak
(3) lived、had (4) didn't read
4 (1) I wasn't so busy yesterday.
(2) Did you wash your father's car?
(3) Emma didn't come to Japan last year.
(4) Were the books very useful to you?

解き方

❷ (1) 一般動詞の過去の否定文に。didn't[did not] のあとに動詞の原形を続ける。
(2) be動詞の過去の否定文に。were のあとに not を置く。
(3) 一般動詞の過去の疑問文に。Did で始め、動詞は原形にもどす。studied の原形は study。
(4) be動詞の過去の疑問文に。be動詞を主語の前に出す。

❸ (1)(2) Did を使ったら、あとの動詞は原形にする。
(4) 空所が2つなので、短縮形 didn't を使う。

❹ (1) be動詞の過去の否定文。
(2) 一般動詞の過去の疑問文。
(3) 一般動詞の過去の否定文。
(4) The books were very useful to you. を疑問文にしたもの。

UNIT 6 過去の文のさまざまな用法

54 疑問詞 + 過去形①

❶ (1) Where、go　(2) When、read
❷ (1) Who　(2) When / washed
(3) Where / bought

解き方

❶ (1) 下線部は「競技場へ」という場所を表すので、Where で始まる疑問文にする。
(2) 下線部は「先週」という時を表すので、When で始まる疑問文にする。もとの文の read は主語が3人称単数なので過去形。答えの文の read は did のあとに使われているので原形になる。このちがいをよく覚えておこう。

❷ (1) 答えの中心になるのは Mr. Nakamura。
(2) 答えの中心になるのは this morning (今朝)。動詞を過去形にするのも忘れないように。
(3) 答えの中心になるのは in Kyoto。buy の過去形は bought。

here や there の使い方！

here (ここに、ここで) や there (そこに、そこで) は「～に、～で」までふくむので、to や in などの前置詞は不要になる。
　We go there every day.
　(私たちは毎日そこへ行きます。)
　Mr. and Ms. Hara live here.
　(原夫妻はここに住んでいます。)
　✕ go to there　　✕ live in here

55 疑問詞 + 過去形②

❶ (1) What、see
(2) How many、have
❷ (1) How　(2) What / washed
(3) How many / used

解き方

❶ (1) 下線部は「きみょうな鳥」という人間以外のものを表すので、What で始まる疑問文にする。
(2) 下線部は「3 (びき) の」という数を表すので、How many で始まる疑問文にする。

❷ (1) 答えの中心になるのは walked。
(2) 答えの中心になるのは my bike and my father's car。
(3) 答えの中心になるのは ten。

56 過去進行形①

❶ (1) I was singing an English song then.
(2) We were listening to music after school.
(3) She was not making pizza in the kitchen.
❷ (1) was walking
(2) wasn't reading

解き方

❷ (2) 空所が2つなので、was not の短縮形 wasn't を使う。

ここも大事！　短縮形に注意！

過去の be動詞の短縮形に注意
I was not → I **wasn't** (I was の短縮形はない。以下も同じ)
he[she] was not → he[she] **wasn't**
we[they] were not
→ we[they] **weren't**

57 過去進行形②

❶ (1) Were they learning
(2) Were you doing
❷ (1) What / playing
(2) Where　(3) How

解き方

❷ (1)「何を」ひいていたのかをたずねるので、Whatの疑問文。
(2) 場所を答えているので、Whereの疑問文。
(3) 数を答えているので、How manyの疑問文。

ここも大事！

疑問詞が主語になる疑問文と答え方！

疑問詞が主語になっている疑問文には〈**主語＋be動詞。**〉で答えるのがふつう。

Who was swimming with you?
— **Ken was.**
（だれがあなたと泳いでいましたか。
— ケンが泳いでいました。）
What was running around the garden?
— **My dog was.**
（何が庭を走りまわっていたのですか。
— 私の犬です。）
How many people were watching the game? — **About 3,000 people were.**
（何人の人たちがその試合を見ていましたか。
— 約3,000人が見ていました。）

58 現在形と過去形①（be動詞）

❶ (1) ① 私の両親は英語の教師でした。
② 私の両親は今ロサンゼルスにいます。
(2) ① トムは今とてもいそがしいです。
② トムは昨日とてもいそがしかったです。
(3) ① この犬は小さく、あの犬も小さいです。
② この犬は今大きいですが、昨年は小さかったです。

解き方

❶ (3) ① 前半後半とも「〜は…です。」の文。② 前半は現在の文で、後半は過去の文。

59 現在形と過去形②（一般動詞）

❶ (1) ① 私は毎日10時に寝ます。
② 私は10年ほど前はたいてい10時に寝ました。
(2) ① 彼にはたくさんの友だちがいます。
② 彼はたいてい公園で昼食を食べます。
(3) ① 月は地球のまわりをまわっています。
② 彼らは昨年長崎に引っ越しました。

解き方

❶ (1) ① 現在の習慣。② 過去の習慣。
(2) ①「いる」という現在の状態。② この文のhas[have]は「食べる」の意味。現在の習慣・反復的な動作を表している。
(3) ① 現在の真実。② 過去の事実。

60 確認問題 6

❶ (1) were　(2) was　(3) has
(4) put　(5) making　(6) taking
❷ (1) Where did they play basketball?
(2) What were they singing on the stage?
(3) How many subjects did they study at school yesterday?
(4) Who played tennis here together?
❸ (1) were、doing　(2) did、buy
(3) lives、teaches
(4) wasn't swimming
❹ (1) We were talking about our friends.
(2) Where did you wash the car?
(3) How did you make this doll?
(4) How was the weather in Tokyo?

❶ (3) あとの動詞が uses と現在の3人称単数であることに注意する。have は has になる。
　(4) put の過去形は原形と同じ put。
　(5)(6) 過去進行形の文。make、take ともに e をとって ing をつける。

❷ (1) 下線部は場所を表しているので、Where で始まる一般動詞の過去の疑問文を作る。
　(2)「英語の歌」を「何」にして、過去進行形の疑問文を作る。
　(3) 下線部は数を表しているので、How many で始まる一般動詞の過去の疑問文を作る。
　(4) 下線部は人が主語になっているので、Who で始まる疑問文を作る。Who をそのまま主語として使う、一般動詞の過去の疑問文を作る。

❸ (1) What で始まる過去進行形の疑問文にする。
　(2) When で始まる一般動詞の過去の疑問文にする。
　(3) 主語が3人称単数の現在の文。live には s を、teach には es をつける。
　(4) 空所が2つなので、was not の短縮形 wasn't を使う。過去進行形の文にする。

❹ (1) talk about 〜で「〜について話す」。
　(4) 過去の天気をたずねる文。現在の天気は How's the weather in Tokyo? のように短縮形を使ってふつう表すが、過去の文では How was the weather in Tokyo? とする。

UNIT 7　There is[are] 〜. の用法

61　There is[are] 〜. の文①

❶ (1) 公園に、あります
　(2) カップに、あります

❷ (1) There is a big apple in my bag.
　(2) There is only one student in the classroom.

❷ (2) There is one student in the classroom. に only を加えたもの。only は数字を表す語句の前に置く。

62　There is[are] 〜. の文②

❶ (1) 私のクラスには、たくさんいます
　(2) 5年前、大きな建物〔ビル〕がありました

❷ (1) There are three books on the desk.
　(2) There was a small table in the kitchen.
　(3) There were two good players on the team.

ここも大事！

a lot of のあとの名詞に注意！
a lot of は数えられる名詞にも、数えられない名詞にも使う。a lot of の a につられて、There is 〜. としないこと。
There is a lot of milk in the bottle.
（びんにはたくさんの牛乳が入っています。）
There are a lot of books in the library.
（図書館にはたくさんの本があります。）

❷ (3) players と複数形なので、There were 〜となる。on the team の on にも注意しておこう。

63　There is[are] 〜. の否定文

❶ (1) 多くの部員はいません〔部員は多くはありません〕
　(2) いすが（1つも）ありませんでした

❷ (1) There is not a foreign student in our class.
　(2) There was not much snow last year.
　(3) There were no cars on the street yesterday.

❶ (1) not many 〜で「（いることはいるが）多くはいない」ということ。数えられない名詞には many の代わりに much を使う。

❷ (2) There was much snow last year. を否定文にしたもの。
　(3) 名詞（cars）の前に no を置いた否定文を作る。

⑥④ There is[are] ~. の疑問文

❶ (1) Is there　(2) Are there any

❷ (1) Were　(2) Is / there
(3) How many

解き方

❶ 疑問文は be 動詞を there の前に出す。

やりがち ミス！　(2) 肯定文の some は疑問文では any にする。
Are there ✗ some flowers ~?
→ ○ Are there any flowers ~?

❷ (1) apples と複数形なので、are か were。あとに No, there were not. と過去の文で答えているので Were。
(3) 答えの文で about twenty と数を答えているので How many ~? の疑問文になる。

⑥⑤ 確認問題 7

❶ (1) is　(2) is　(3) are
(4) was　(5) were　(6) were

❷ (1) There were many dogs under the tree.
(2) There are not[aren't] any eggs in the box.
(3) Are there any tall trees in his garden?
(4) How many pictures are there on the wall?

❸ (1) is、water
(2) were no[weren't any]
(3) How、books　(4) were ten

❹ (1) There are two big festivals here in summer.
(2) There is not a big hospital in this town.
(3) Are there any restaurants near the station?
(4) How many windows are there in this room?

解き方

❶ (2) some がついていても tea が数えられない名詞なので is。

やりがち ミス！　(2) There ✗ are some tea ....
→ ○ There is some tea ....

(4) many years ago があり、building が単数なので was。
(6) only があっても weeks が複数なので were。

❷ (1) was → were のほかに、dog を複数形にする。
(2) 否定文では some は any にかえる。
(3) 疑問文ではふつう some を any にかえる。
(4) 下線部は数を表しているので、How many で始まる疑問文にする。

❸ (1) no を使う否定文に。water は数えられない名詞なので複数形にすることはない。
(3) book は数えられる名詞なので How many のあとには books が続く。
(4) 数字のあとの名詞を省略した形になる。

❹ (3) 疑問文なので any が使われている。
(4) 数をたずねる疑問文になるので、How many のあとに windows を続ける。

UNIT 8　未来の文

⑥⑥ be going to ~

❶ (1) am　(2) going　(3) to
(4) are　(5) are

❷ (1) I'm going to buy a new bike tomorrow.
(2) They are going to visit Kyoto next Sunday.
(3) She's going to get up early tomorrow morning.

解き方

❷ (3) she's は she is の短縮形。

⑥⑦ be going to ~の否定文と疑問文

❶ (1) I'm not going
(2) aren't going
(3) Ken isn't going

❷ (1) Is Tom going to
(2) Are you going to

解き方

❶ (2) are not の短縮形 aren't を使う。
(3) is not の短縮形 isn't を使う。

やりがちミス！ (2) are not を入れると、going がなくなってしまう。
We ✕ are not to ....
→ ○ We aren't going to ....

---

⑱ will

❶ (1) パーティーについてクミに電話するつもりです〔電話します〕
(2) 遅く〔遅れて〕パーティーに来るでしょう

❷ (1) I will wash the plates after dinner.
(2) Leon will get up early tomorrow morning.
(3) The baseball game will be very exciting tomorrow.

解き方

❶ (1) この文の will は「～するつもりだ」という話し手の意志を表している。
(2) この文の will は「～でしょう」という話し手の推測を表している。
ただし、前後関係で「彼女は明日の夕方遅くパーティーに来るつもりです。」という意味になることもある。

❷ (3) be 動詞の原形は be になる。

ここも大事！ exciting と excited！
exciting は「(人を)わくわくさせるような、興奮させる(ような)」の意味で、主語には人はこない。
excited は「(人が)わくわくして、興奮して」の意味で、主語に人がくる。
The game was very exciting.
(その試合はとてもわくわくさせてくれました。)
We were very excited at the game.
(私たちはその試合にとてもわくわくしました〔興奮しました〕。)

---

⑲ will の否定文と疑問文

❶ (1) will not stay　(2) won't come
(3) won't be

❷ (1) Will Ann walk
(2) Will they visit

解き方

❶ (2) (3) will not の短縮形 won't を使う。won't の発音は[ウォウント]になることも覚えておこう。

ここも大事！ 疑問詞で始まる未来の疑問文！
be going to や will の疑問詞で始まる疑問文にも慣れておこう。
What are you going to do tomorrow?
— I'm going to study at the library.
(あなたは明日は何をするつもりですか。
— 図書館で勉強するつもりです。)
When will you come home today?
— About seven or eight.
(今日はいつごろ帰宅しますか。
— 7時か8時ごろです。)
How will you come to my house?
— I'll come to your house by bus.
(どうやって私の家に来ますか。— バスで行きます。)
Where will you meet your friends?
— At the station.
(どこで友だちと会いますか。— 駅で会います。)

---

⑳ 現在形と未来形①

❶ (1) ① その俳優は今とても有名です。
② その俳優は1、2年でとても有名になるでしょう。
(2) ① すべての生徒が体育館にいます。
② すべての生徒が明日の朝体育館にいるでしょう。
(3) ① 私は今晩7時までにはここにもどって来ます。
② その迷い犬はまもなくここにもどって来るでしょう。

解き方

❶ (1) ② 未来の推測。
(3) ① 話者の意志を表している。

71 現在形と未来形②

❶ (1) ① 彼は毎日10時に寝ます。
　　② 彼は今日10時に寝るでしょう。
(2) ① ボブが友だちと学校に向かっています。
　　② ボブは今日家で勉強するつもりです。
(3) ① 電車がホームを離れていくところです。
　　② この電車はあと10分で出発する予定です。

解き方

❶ (1) ② 未来の推測。前後関係により「10時に寝るつもりです」という日本文になることもある。
(3) ② 近い未来を表す現在進行形。

72 確認問題8

❶ (1) am　(2) next month　(3) goes
(4) will　(5) be　(6) They're

❷ (1) We will not[We won't, We'll not] have any guests tomorrow.
(2) Tom is not[isn't] going to leave Japan this year.
(3) Is his brother going to walk to school tomorrow?
(4) How many people is he going to meet there?

❸ (1) will be　(2) won't play
(3) I'm going to　(4) Are、going

❹ (1) What are you going to do here tonight?
(2) Where will she live in America?
(3) What time are you going to leave home?
(4) How will you go to school tomorrow?

解き方

❶ (2) 未来の文なので next month（来月）。
(3) 主語が3人称単数なので、goes。
(5) be動詞の原形は be。
(6) They だと be動詞のない文になってしまう。

❷ (1) 否定文なので、some を any にすることも忘れないように。
(4) 下線部は数を表しているので、How many で始まる疑問文にする。

❸ (1) busy は形容詞なので、be動詞が必要。
(2) will not の短縮形を使う。
(3) I am の短縮形を使う。

❹ (3) What time のあとに be going to の疑問文の語順を続ける。

73 まとめテスト1

❶ (1) He is[He's] swimming in the river now.
(2) Mike doesn't[does not] have a new car.
(3) Did Luke buy this bike last week?
(4) How many books does he read every month?

❷ (1) How do　(2) didn't study
(3) Can I　(4) What day

❸ (1) mine　(2) plays、well
(3) There are、in

❹ (1) What are you doing here?
(2) I saw a lot of people in the park.
(3) What time did you get up this morning?
(4) Don't use these pencils, please.

解き方

❶ (1) swim の ing 形は swimming。m を重ねる。
(2) 一般動詞の否定文で主語が3人称単数なので、doesn't[does not] を使う。
(3) 一般動詞の過去の疑問文。Did で始めて、動詞を原形にもどす。
(4) 数をたずねるのは How many。このあとには名詞の複数形がくる。

❷ (1) 交通手段をたずねるのは How。
(2) didn't のあとに動詞の原形を続ける。

(3) 許可を求めるのは Can I ～?。

(4) 曜日をたずねるのは What day is (it) today?。

❸ (1) 「私のもの」は mine。

(2) 「じょうずに」は well。

(3) windows と複数形なので、There are を使う。

やりがち
ミス！ (2) plays basketball very ✗good
→ ◯ plays basketball very well

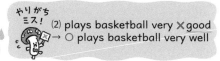

❹ (1) 現在進行形の疑問文になるので、do は doing にする。

(2) 過去の文になるので、see は saw にする。

(3) 過去の疑問文になるので、What time のあとは did で始まることになる。

(4) コンマ (,) があるので、please を文末に置く命令文にする。

---

74 まとめテスト2

❶ (1) Did they visit New York last year?

(2) Where does Mike live?

(3) Meg didn't[did not] eat bread for breakfast.

(4) How old is Kate now?

❷ (1) What、do on (2) is running

(3) When did (4) Whose picture

❸ (1) My (2) don't、any

(3) teaches English

❹ (1) I went to bed early yesterday.

(2) What are they practicing in the gym?

(3) How was the weather in Sapporo yesterday?

(4) I can't[cannot] run very fast.

解き方

❶ (1) Did を使ったら動詞は原形にもどす。

(2) 場所をたずねる疑問詞は where。

(3) ate は eat の過去形なので、否定文には didn't か did not を使う。

(4) 年齢をたずねるのは How old ～?。

❷ (1) 「（～を）する」の一般動詞 do を使う。曜日の

前の前置詞は on。

(2) run の ing 形は running。n を重ねる。

(3) 「いつ」と時をたずねる疑問詞は when。

(4) 「だれの」とたずねるのは whose。あとの be 動詞が is なので、picture と単数形にする。

❸ (1) 「私の髪は長いです。」の意味の文にする。

(2) no ～ = not any ～

(3) 「英語の先生」を「英語を教える」と考える。

❹ (1) 過去の文になるので、go を went にする。

(2) 現在進行形の疑問文。practice は e をとって practicing となる。

(3) 過去の文なので、is を was にする。

(4) 否定文なので、can't か cannot にする。

英文の和訳

すべての問題を解き終えたら、
和訳⇒英訳にチャレンジ!
単元の仕上げに、ノートに書いてみよう!

3 英語の語順①

❶(1) 私は毎日走ります。
(2) 私は朝、散歩をします。

4 英語の語順②

❶(1) 私は毎日テニスをします。
(2) 私は野球をします。
❷(例) 私は野球が好きです。
(1) 私はバレーボールが好きです。
(2) 私はバスケットボールが好きです。
(3) 私はテニスが好きです。

5 a と an

❷(1) 私は車を持っています。
(2) 私は小さなかばんを持っています。
(3) 私は簡単な本を持っています。
(4) 私は古いカメラを持っています。
(5) 私はかさを持っています。
(6) 私はおもしろい本を持っています。
(7) 私は大きなオレンジを持っています。
(8) 私は新しい本を持っています。

6 名詞の複数形

❷(1) 私は3冊の本を持っています。
(2) 私は5つの箱を持っています。
(3) 私はたくさんの国を知っています。
(4) 私は何本かのえんぴつを使います。

7 be 動詞①

❶(1) 私は山田ケンジです。
(2) あなたは本田さんです。
(3) 私は鈴木タクヤです。
(4) あなたは先生です。
❷(1) 私は生徒です。
(2) あなたは大阪の出身です。

8 be 動詞②

❶(1) 彼女はエイミーです。
(2) 彼は山本さんです。
(3) 彼女は原田さんです。
❷(1) 彼女は看護師です。
(2) 彼はロンドンの出身です。

9 be 動詞③

❶(1) これは自動車です。
(2) あれは本です。
(3) それは新しい本です。

❷(1) これはノートです。
(2) あれはコンピュータです。
(3) これはボールです。
(4) あれは鳥です。

10 be 動詞④

❶(1) 彼ら〔彼女たち〕は医者です。
(2) 私たちは日本の出身です。
(3) あなたたちは看護師です。
❷(1) 私たちは新任の教師です。
(2) それらは古い自転車です。

11 代名詞①

❷(1) 私は生徒です。→ 私たちは生徒です。
(2) あなたたちは新任の先生です。→ あなたは新任の先生です。
(3) 彼女はじょうずな歌い手です〔歌がじょうずです〕。→ 彼女たちは歌がじょうずです。

12 代名詞②

❶(1) こちらは私の友だちです。
(2) 彼女の名前はメグです。
(3) 私たちは彼ら〔彼女たち〕の同級生です。
(4) 彼らは彼の兄弟です。
❷(1) あれは彼女の新しいコンピュータです。
(2) 彼の父親はロンドンにいます。

13 be 動詞の使い分け①

❶(1) 中村先生は私たちの音楽の先生です。
(2) この橋はとても長いです。
(3) 私は新入生です。
(4) 私の姉〔妹〕は東京にいます。
(5) あなたはよい友人です。
❷(1) 私は彼の兄〔弟〕です。
(2) あの〔あちらの〕女性は私たちの母です。

14 be 動詞の使い分け②

❶(1) 私たちはアメリカの出身です。
(2) これらの本は私の部屋にあります。
(3) あなたたちはよい生徒です。
(4) アンナと私は同級生です。
❷(1) 私はテニス選手です。→ 私たちはテニス選手です。
(2) 彼は日本で人気のある歌手です。→ 彼らは日本で人気のある歌手です。

15 be 動詞の否定文

❶(1) 私は野球の選手ではありません。
(2) 彼はオーストラリアの出身ではありません。
❷(1) 私の姉〔妹〕は今自分の部屋にいません。
(2) 私たちの両親は今日いそがしくありません。

16 be 動詞の疑問文

❶(1) あなたは英語の先生です。→ あなたは英語の先生ですか。
(2) あなたのお母さんは秋田の出身です。→ あなたのお母さんは秋田の出身ですか。

(3) この生徒はじょうずなテニス選手です。 → この生徒はじょうずなテニス選手ですか。

❷(1)「彼女のお兄さん〔弟さん〕は自分の部屋にいますか。」「はい、（彼は）います。」

(2)「彼らはよい生徒たちですか。」「いいえ、（彼らは）そうではありません。」

17 確認問題1

❶(1) この野球選手はアメリカで人気があります。
(2) 私は福岡の出身です。
(3) これらのボールはとても古いです。
(4) これはあなたのボールではありません。それは私のボールです。
(5) ユイとマイは私の同級生です。

❷(1) 彼女は新しい看護師です。 → 彼女たちは新しい看護師です。
(2) ミナトはバスケットボールの選手です。 → ミナトはバスケットボールの選手ですか。
(3) 私の父は英語の先生です。 → 私の父は英語の先生ではありません。
(4) あちらの少年や少女たちは私の仲のよい友だちです。 → 彼らは私の仲のよい友だちです。

18 一般動詞①

❶(1) 私には2人の姉妹がいます。
(2) 私は毎日母を手伝います。
(3) 私は毎日英語を勉強します。
(4) 私はこの本がほしいです。
(5) 私は自分の部屋でテレビを見ます。

❷(1) 私は毎日ピアノをひきます。
(2) 私は英語とフランス語を話します。

19 一般動詞②

❶(1) 私は音楽を聞きます。
(2) 私は自分のネコをさがします。
(3) 私は6時に起きます。
(4) 私は10時に寝ます
❷(1) 私たちは公園で美しい花を見ます。
(2) 私は8時に学校に着きます。

20 一般動詞の否定文

❶(1) 私は野球が好きです。 → 私は野球が好きではありません。
(2) 私たちはこの公園でテニスをします。 → 私たちはこの公園でテニスをしません。
❷(1) 私は車を持っていません。
(2) 彼らはこの部屋でテレビを見ません。
(3) 私たちは日曜日に早く起きません。

21 一般動詞の疑問文

❶(1) あなたはピアノをひきます。 → あなたはピアノをひきますか。
(2) あなたの両親は毎日ここに来ます。 → あなたの両親は毎日ここに来ますか。
❷(1)「あなたは柔道を練習しますか。」「はい、します。私は毎日柔道を練習します。」

(2)「あなたとアキは歩いて学校に行くのですか〔徒歩通学ですか〕。」「はい、そうです。」

(3)「多くの人々がこの歌を好きですか。」「いいえ、そうではありません。」

22 3人称単数現在形①

❷(1) ケイトは毎日音楽を聞きます。
(2) 山田さんは日曜日にこの車を洗います。
(3) 私の母と父はこの映画が好きです。

23 3人称単数現在形②

❶(1) 私の兄〔弟〕はトムのお姉さん〔妹さん〕を知っています。
(2) エイミーは毎日宿題をします。
(3) グリーンさんは京都に住んでいます。
(4) 多くの先生がこの部屋を使います。

❷(1) 私は毎日学校へ行きます。 → ケンは毎日学校へ行きます。
(2) 私たちは毎日英語を勉強します。 → アヤは毎日英語を勉強します。
(3) 彼らには日本にたくさんの友だちがいます。 → 彼女には日本にたくさんの友だちがいます。
(4) 彼の息子たちは新しいものはなんでも試してみます。 → 彼の息子は新しいものはなんでも試してみます。

24 3人称単数現在形の否定文

❶(1) 青木さんはロンドンに住んでいます。 → 青木さんはロンドンに住んでいません。
(2) 私の父はこの町について知っています。 → 私の父はこの町について知りません。
❷(1) 彼は家では英語を話しません。
(2) エマは自分の部屋に多くの本は持っていません。
(3) 私の父はこのコンピュータを使いません。

25 3人称単数現在形の疑問文

❶(1) ケンは自分の部屋をそうじします。 → ケンは自分の部屋をそうじしますか。
(2) 林さんは早く帰宅します。 → 林さんは早く帰宅しますか。
❷(1)「エミは一生けんめいに英語を勉強しますか。」「はい、します。彼女は毎日一生けんめい英語を勉強します。」

(2)「ボブにはたくさんの兄弟姉妹がいますか。」「いいえ、いません。彼にはたった1人の兄〔弟〕しかいません。」

26 確認問題2

❶(1) ジュディーと私は毎日ピアノをひきます。
(2) 私の母は朝〔午前中に〕これらの部屋をそうじします。
(3) ケンは自分の部屋にたくさんの本を持っています。
(4) ミラー先生は英語と数学を教えています。
(5) リクはこのコンピュータを毎日使います。

❷(1) 私は毎日公園へ行きます。 → ヘレンは毎日公園へ行きます。

(2) あなたは日曜日に早く起きます。 → あなたは日曜日に早く起きますか。

(3) 彼のお兄さん〔弟さん〕はここで自転車を洗います。 → 彼のお兄さん〔弟さん〕はここで自転車を洗いません。

(4) はい、そうです。私は毎日テレビを見ます。 → あなたは（毎日）テレビを見ますか。

27 現在進行形①

❶(1) 私は自分の部屋をそうじします。 → 私は自分の部屋をそうじしています〔そうじしているところです〕。

(2) 私は歩いて学校へ行きます。 → 私は歩いて学校へ行くところです。

❷(1) 私は今英語の歌を歌っています〔歌っているところです〕。

(2) 私は自分の部屋で宿題をしています〔宿題をしているところです〕。

(3) 私は今本を読んでいます〔読んでいるところです〕。

28 現在進行形②

❶(1) 私は彼の部屋をそうじしています〔そうじしているところです〕。

(2) 彼はテニスをしています〔しているところです〕。

(3) 私たちはテレビを見ています〔見ているところです〕。

(4) あなた（たち）は数学を勉強しています〔勉強しているところです〕。

❷(1) 私は母に手紙を書いています〔書いているところです〕。

(2) 彼らは海で泳いでいます〔泳いでいるところです〕。

(3) ケイトは人形を作っています〔作っているところです〕。

29 現在進行形の否定文と疑問文

❶(1) 私たちは今理科を勉強しています。 → 私たちは今理科を勉強していません。

(2) トニーは今宿題をしています。 → トニーは今宿題をしていません。

❷(1)「あなたたちは私たちの新しい先生について話しているのですか。」「はい、話しています。」

(2)「あなたのお姉さん〔妹さん〕は今川で泳いでいるのですか。」「いいえ、泳いでいません。」

(3)「エイミーとエマはバスケットボールをしているところですか。」「いいえ、していません。」

30 現在形と現在進行形

❷(1) 私の父はあなたの国についてたくさんのことを知っています。

(2) マミは今台所をそうじしています。

(3) ハヤトは新しい自転車をほしがっています。

(4)（私には）公園にたくさんの人たちが見えます。

(5) 私は今公園でケンといっしょに昼食を食べています。

31 can ①

❶(1) 私はカレーを料理します。 → 私はカレーを料理することができます。

(2) あなた（たち）は速く走ります。 → あなた（たち）は速く走ることができます。

(3) 私たちは体育館でバスケットボールをします。 → 私たちは体育館でバスケットボールをすることができます。

❷(1) 私たちは今日体育館〔ジム〕に行くことができます。

(2) 彼らは3つの言語〔3か国語〕をじょうずに話すことができます。

(3) 私は8時までに学校に着くことができます。

32 can ②

❶(1) ジェーンはとてもじょうずにバイオリンをひきます。 → ジェーンはとてもじょうずにバイオリンをひくことができます。

(2) トムは夜に星を見ます。 → トムは夜に星を見ることができます。

(3) 彼女は公園でお昼を食べます。 → 彼女は公園でお昼を食べることができます。

❷(1) 彼女は夕方お母さんを手伝うことができます。

(2) 私の兄〔弟〕は毎日早く起きることができます。

33 can の否定文

❶(1) 私は車を運転することができます。 → 私は車を運転することができません。

(2) 私の姉〔妹〕はこの英語の歌を歌うことができます。 → 私の姉〔妹〕はこの英語の歌を歌うことができません。

(3) あなたはこの箱を開けることができます。 → あなたはこの箱を開けることができません〔開けてはいけません〕。

❷(1) ベスは漢字をうまく書くことができません。

(2) 私たちは今日歩いて学校へ行くことができません。

(3) あなた（たち）はこの公園でテニスをすることはできません〔テニスをしてはいけません〕。

34 can の疑問文

❶(1) エミはこの辞書を使うことができます。 → エミはこの辞書を使うことができますか。

(2) あなたはこのEメールを送ることができます。 → あなたはこのEメールを送ることができますか〔送ってくれますか〕。

(3) あの少年は速く泳ぐことができます。 → あの少年は速く泳ぐことができますか。

❷(1)「原さんはじょうずにフランス語を話すことができますか。」「はい、できます。」

(2)「あなた（たち）は速く走ることができますか。」「いいえ、できません。」

㉟ 命令文①

❶ (1) あなたはこの箱を開けます。→ この箱を開け
　なさい。
(2) あなたはこのえんぴつを使います。→ このえ
　んぴつを使いなさい。
(3) あなたはこの部屋で静かにしています。→ こ
　の部屋では静かにしなさい。

❷ (1) ケン、明日の朝は早く起きなさい。
(2) 今夜は早く寝てください。
(3) 東京では注意しなさい。

㊱ 命令文②

❶ (1) あなたはこの箱を開けます。→ この箱を開け
　てはいけません。
(2) あなたは悪い少年です。→ 悪い子ではいけま
　せん〔悪い子になってはいけません〕。
(3) 私たちはいっしょにこの歌を歌います。→ こ
　の歌をいっしょに歌いましょう。

❷ (1) 今日は私のコンピュータを使わないでください。
(2) ショウタ、学校に遅れてはいけません。
(3) いっしょに図書館に行きましょう。

㊲ 確認問題3

❶ (1) 私たちは川で泳いでいます。
(2) 私の先生はコンピュータについてよく知ってい
　ます。
(3) 本田さんは日本についての本を書いています。
(4) お年寄りの人たちに親切にしなさい。
(5) ミオは今昼食を作っています。
(6) 彼はとてもじょうずにバスケットボールをする
　ことができます。

❷ (1) あなたは私の車を運転します。→ 私の車を運
　転してはいけません。
(2) ジェーンは漢字とかなを読みます。→ ジェー
　ンは漢字とかなを読むことができます。
(3) 私は私の新しいコンピュータを使います。→
　私は私の新しいコンピュータを使っているとこ
　ろです。
(4) はい、できます。私はバイオリンをひくことが
　できます。→ あなたはバイオリンをひくこと
　ができますか。

㊳ 疑問詞疑問文what①

❶ (1) あれは鳥です。→ あれは何ですか。
(2) 彼は土曜日にカレーを料理します。→ 彼は土
　曜日に何を料理しますか。
(3) アンはかなを書くことができます。→ アンは
　何を書くことができますか。

❷ (1) あれらの動物は何ですか。
(2) 彼はここで何をしているのですか。

㊴ 疑問詞疑問文what②

❷ (1)「今何時ですか。」「午前7時です。」
(2)「今日は何曜日ですか。」「金曜日です。」

㊵ 疑問詞疑問文who

❶ (1)「この背の高い生徒はだれですか。」「彼は私の
　兄〔弟〕のショウヘイです。」
(2)「週末にはだれが夕食を料理しますか。」「姉〔妹〕
　と私がします。私たちは週末にはたいていカ
　レーを作ります。」

❷ (1) あなたの英語の先生はだれですか。
(2) だれが家で2ひきの犬を飼っていますか。
(3) 教室にいるあの少女はだれですか。

㊶ 疑問詞疑問文whose

❶ (1) この自転車は彼のものです。
(2) あの車はあなたのものです。
(3) このえんぴつは彼女のものです。
(4) あの家は彼らのものです。

❷ (1)「これはあなたの教科書ですか。」「いいえ。それ
　は私のものではありません。それはケンのです。」
(2)「向こうのあの人たちはだれの友だちですか。」
　「彼らは私の友だちです。」

㊷ 疑問詞疑問文when

❷ (1)「その夏祭りはいつですか。」「8月2日から5
　日までです。」
(2)「あなたはいつ窓を開けますか。」「私は朝食の
　前に窓を開けます。」

㊸ 疑問詞疑問文where

❷ (1)「あなたのお母さんはどこにいますか。」「リズ
　といっしょに居間にいます。」
(2)「彼女はどこでテレビを見ていますか。」「自分
　の部屋でテレビを見ています。」

㊹ 疑問詞疑問文how①

❷ (1)「今日の秋田の天気はどうですか。」「とても寒
　いです。」
(2)「あなたのお姉さん〔妹さん〕はどうやって図書
　館へ行きますか。」「そこへはバスで行きます。」

㊺ 疑問詞疑問文how②

❶ (1)「あなたの学校は創立何年になりますか。」「ちょ
　うど100年になります。」
(2)「あなたの今度の赤ちゃんは　どれくらいにな
　りますか。」「たった2か月です。」
(3)「紅茶をいかがですか。」「はい、お願いします。
　ありがとう。」

❷ (1)「あなたは家で何びきの犬を飼っていますか。」
　「4ひきです。4ひきの犬を家で飼っています。」
(2)「この新しいコンピュータはいくらですか。」
　「1,000ドルです。」

㊻ 確認問題4

❶ (1) あなたは週末に何をしますか。
(2) あなたはどこでピアノをひきますか。
(3) あなたの冬休みはいつ始まりますか。

❷ (1) メイさんは仙台に住んでいます。→ メイさん
　はどこに住んでいますか。

(2) これらはマユのえんぴつです。→ これらはだれのえんぴつですか。

(3) ショウタはバスで学校へ行きます。→ ショウタはどうやって学校へ行きますか。

(4) ジューンとアリスは毎朝公園を歩きます。→ だれが毎朝公園を歩きますか。

47 一般動詞（規則動詞）の過去形

❷(1) 私たちはテレビを見ます。→ 私たちは昨夜テレビを見ました。

(2) トムはその大きな箱を運びます。→ トムは昨日その大きな箱を運びました。

(3) 私の父はこのコンピュータを使います。→ 私の父は5日前にこのコンピュータを使いました。

48 一般動詞（不規則動詞）の過去形

❷(1) 私は宿題をします。→ 私は昨日宿題をしました。

(2) 私たちはここでたくさんの本を買います。→ 私たちは先月ここでたくさんの本を買いました。

(3) ジェーンはその公園へ行きます。→ ジェーンは何年も前にその公園へ行きました。

(4) マナは私の家に来ます。→ マナは昨日の夕方私の家に来ました。

49 一般動詞の過去の否定文

❶(1) 私は今朝早く起きました。→ 私は今朝早く起きませんでした。

(2) ケンは昨日この本を読みました。→ ケンは昨日この本を読みませんでした。

❷(1) 彼は先週その行事に来ませんでした。

(2) エミリーは公園で写真を1枚もとりませんでした。

(3) そのころ私の兄〔弟〕は自転車を持っていませんでした。

50 一般動詞の過去の疑問文

❶(1) ユミはコンサートでバイオリンをひきました。→ ユミはコンサートでバイオリンをひきましたか。

(2) 彼はこの本を書きました。→ 彼はこの本を書きましたか。

❷(1)「あなたは昨日電車で学校に行きましたか。」「はい、行きました。」

(2)「あなたのお姉さん〔妹さん〕は昨夜この人形を作りましたか。」「いいえ、作りませんでした。彼女はそれを先週作りました。」

51 be動詞の過去形

❶(1) 私は昨日いそがしかったです。

(2) あなたは先週具合が悪かったです。

(3) 彼らは昨日動物園にいました。

(4) レンとユウナは昨夜ひまでした。

❷(1) 私は昨年12歳でした。

(2) 今朝多くの人たちが公園にいました。

(3) 私の兄〔弟〕は昨夜とてもおなかがすいていま

した。

52 be動詞の過去の否定文と疑問文

❶(1) その女性は私に親切でした。→ その女性は私に親切ではありませんでした。

(2) これらの本はとてもおもしろかったです。→ これらの本はあまりおもしろくありませんでした。

(3) 私は昨年パリにいました。→ 私は昨年パリにいませんでした。

❷(1) 昨日は晴れていました。→ 昨日は晴れていましたか。

(2) 彼らはそのとき台所にいました。→ 彼らはそのとき台所にいましたか。

(3) あなたはそのときとても幸せでした。→ あなたはそのときとても幸せでしたか。

53 確認問題5

❶(1) ジェーンは昨日かわいい人形を作りました。

(2) 私は10年前数学の教師でした。

(3) 私たちは昨夜遅くに駅に着きました。

(4) 私は先週新しい自転車を買いました。

(5) 私たちは先週海で泳ぎました。

(6) 佐野さんは昨年10冊の本を書きました。

❷(1) 彼らは体育館でバスケットボールをしました。→ 彼らは体育館でバスケットボールをしませんでした。

(2) 私たちは昨年の夏、オーストラリアにいました。→ 私たちは昨年の夏、オーストラリアにいませんでした。

(3) 彼らは昨日学校で英語を勉強しました。→ 彼らは昨日学校で英語を勉強しましたか。

(4) 彼の新しい本はとてもおもしろかったです。→ 彼の新しい本はとてもおもしろかったですか。

54 疑問詞＋過去形①

❶(1) ソウタは昨日スタジアムに行きました。→ ソウタは昨日どこへ行きましたか。

(2) ユイは先週その物語を読みました。→ ユイはいつその物語を読みましたか。

❷(1)「だれがこの本を書きましたか。」「中村さんが書きました。」

(2)「あなたはいつこの自転車を洗いましたか。」「今朝洗いました。」

(3)「あなたはこの人形をどこで買いましたか。」「京都で買いました。」

55 疑問詞＋過去形②

❶(1) 彼は庭できみょうな鳥を見ました。→ 彼は庭で何を見ましたか。

(2) 彼らはそのころ3びきの犬を飼っていました。→彼らはそのころ何びきの犬を飼っていましたか。

❷(1)「あなたは今日どのようにして図書館へ行きましたか。」「そこに歩いて行きました。」

(2)「あなたは今朝何を洗いましたか。」「自分の自

転車と父の車を洗いました。」
(3)「あなたはあの絵に何色使いましたか。」「10色使いました。」

56 過去進行形①
❶(1) 私はそのとき英語の歌を歌っていました。
(2) 私たちは放課後、音楽を聞いていました。
(3) 彼女は台所でピザを作っていませんでした。
❷(1) 私は歩いて学校に行きました。→ 私は歩いて学校に行くところでした。
(2) 私はその本を読みませんでした。→ 私はその本を読んでいるところではありませんでした。

57 過去進行形②
❶(1) 彼らはそのとき宇宙について学んでいました。→ 彼らはそのとき宇宙について学んでいましたか。
(2) あなたは昨夜8時ごろ宿題をしていました。→ あなたは昨夜8時ごろ宿題をしていましたか。
❷(1)「あなたはそのときステージで何をひいていましたか。」「私はピアノをひいていました。」
(2)「生徒たちはそのときどこで走っていましたか。」「校庭です。」
(3)「何人の生徒がそのとき走っていましたか。」「50人の生徒たちです。」

60 確認問題6
❶(1) 私たちは昨日の10時に部屋をそうじしていました。
(2) 私は先月ロンドンにいました。
(3) 彼女は新しいコンピュータを持っていて、毎日それを使っています。
(4) 彼は1時間前に箱の上にそのペンを置きました。
(5) 彼女はそのときかわいい人形を作っていました。
(6) 彼らは昨夜の10時に写真をとっていました。
❷(1) 彼らは体育館でバスケットボールをしました。→ 彼らはどこでバスケットボールをしましたか。
(2) 彼らはステージで英語の歌を歌っていました。→ 彼らはステージで何を歌っていましたか。
(3) 彼らは昨日学校で6教科を勉強しました。→ 彼らは昨日学校でいくつの教科を勉強しましたか。
(4) ジューンとメイはいっしょにここでテニスをしました。→ だれがいっしょにここでテニスをしましたか。

61 There is[are] ～. の文①
❷(1) 私のかばんには大きなリンゴが(1個)あります[入っています]。
(2) 教室にはたった1人の生徒しかいません[たった1人だけの生徒がいます]。

62 There is[are] ～. の文②
❷(1) 机の上に3冊の本があります[本が3冊あります]。

(2) 台所に小さなテーブルがありました。
(3) そのチームには優秀な選手が2人いました[2人のじょうずな選手がいました]。

63 There is[are] ～. の否定文
❷(1) 私たちのクラスに外国人の生徒はいません。
(2) 昨年は雪が多くはありませんでした[あまり雪は降りませんでした]。
(3) 昨日通りには車が(1台も)ありませんでした。

64 There is[are] ～. の疑問文
❶(1) 池にたくさんの水があります。→ 池にはたくさんの水がありますか。
(2) 花びんに何本かの花があります。→ 花びんに何本かの花がありますか。
❷(1)「冷蔵庫にはたくさんのリンゴがありましたか。」「いいえ、(たくさんは)ありませんでした。1個だけありました。」
(2)「あなたの家の近くに公園はありますか。」「はい、あります。それは美しい公園です。」
(3)「あなたの学校には何人の先生がいますか。」「約20人の先生がいます。」

65 確認問題7
❶(1) テーブルの上にオレンジが1つあります。
(2) カップの中にコーヒーが少しあります。
(3) 机の上に本が2、3冊あります。
(4) 何年も前にここに高いビルがありました。
(5) そのとき教室には数人の生徒がいました。
(6) お祭りまでたった2週間しかありませんでした。
❷(1) 木の下に犬が1ぴきいました。→ 木の下に多くの犬がいました。
(2) 箱にいくつか卵が入っています。→ 箱には1つも卵が入っていません。
(3) 彼の庭には何本かの高い木があります。→ 彼の庭には何本かの高い木がありますか。
(4) 壁には3枚の絵がかかっています。→ 何枚の絵が壁にかかっていますか。

66 be going to ～
❶(1) 私は明日バドミントンをするつもりです。
(2) 彼は鹿児島に滞在するつもりです。
(3) 彼は公園で昼食を食べるつもりです。
(4) 私たちは銀座に買い物に行くつもりです。
(5) ケンとアケミは5時にここで会うつもりです。
❷(1) 私は明日新しい自転車を買うつもりです。
(2) 彼らは次の[今度の]日曜日に京都を訪れるつもりです。
(3) 彼女は明日の朝早く起きるつもりです。

67 be going to ～ の否定文と疑問文
❶(1) 私はコンサートでこの歌を歌うつもりです。→ 私はコンサートでこの歌を歌うつもりはありません。
(2) 私たちは今日の午後野球をするつもりです。→ 私たちは今日の午後野球をするつもりはありま

せん。

(3) ケンは夕食後テレビを見るつもりです。 → ケンは夕食後テレビを見るつもりはありません。

❷(1) トムは今日の夕方私に電話をするつもりです。 → トムは今日の夕方私に電話をするつもりですか。

(2) あなたは放課後バスケットボールをするつもりです。 → あなたは放課後バスケットボールをするつもりですか。

68 will

❷(1) 私は夕食後にその皿を洗います〔洗うつもりです〕。

(2) レオンは明日の朝早く起きるでしょう。

(3) 明日のその野球の試合はとてもわくわくさせてくれるでしょう。

69 will の否定文と疑問文

❶(1) 私は来週東京に滞在するつもりです。 → 私は来週東京に滞在するつもりはありません。

(2) 私たちは今日早く帰宅するつもりです。 → 私たちは今日早く帰宅するつもりはありません〔帰宅しないでしょう〕。

(3) 明日はくもりでしょう。 → 明日はくもりではないでしょう。

❷(1) アンは明日歩いて学校へ行くでしょう。 → アンは明日歩いて学校へ行くでしょうか〔行くつもりですか〕。

(2) 彼らは入院中の〔病院にいる〕トムを訪ねる〔見舞いに行く〕でしょう〔つもりです〕。 → 彼らは入院中の〔病院にいる〕トムを訪ねる〔見舞いに行く〕でしょう〔つもりです〕か。

72 確認問題 8

❶(1) 私はアメリカに滞在するつもりです。

(2) 私たちは来月ロンドンを訪れるつもりです。

(3) 彼は朝早く公園に行きます。

(4) 彼女は明日図書館で勉強するでしょう。

(5) 私の姉〔妹〕は来年教師になる予定です。

(6) 彼らは駅で会うつもりです。

❷(1) 私たちには明日何人かゲストがあります。 → 私たちには明日1人もゲストがありません。

(2) トムは今年日本を去るつもりです。 → トムは今年日本を去るつもりはありません。

(3) 彼のお兄さん〔弟さん〕は明日歩いて学校へ行くつもりです。 → 彼のお兄さん〔弟さん〕は明日歩いて学校へ行くつもりですか。

(4) 彼はそこで3人の人に会うつもりです。 → 彼はそこで何人の人に会うつもりですか。

73 まとめテスト 1

❶(1) 彼は川で泳ぎます。 → 彼は今川で泳いでいます。

(2) マイクは新しい車を持っています。 → マイクは新しい車を持っていません。

(3) ルークは先週この自転車を買いました。 → ルークは先週この自転車を買いましたか。

(4) 彼は毎月本を5冊読みます。 → 彼は毎月何冊の

本を読みますか。

❸(1) これは私のえんぴつです。 → このえんぴつは私のものです。

(2) ジュンはとてもじょうずなバスケットボールの選手です。 → ジュンはとてもじょうずにバスケットボールをします。

(3) この部屋は2つ窓があります。 → この部屋には窓が2つあります。

74 まとめテスト 2

❶(1) 彼らは昨年ニューヨークを訪れました。 → 彼らは昨年ニューヨークを訪れましたか。

(2) マイクは駅の近くに住んでいます。 → マイクはどこに住んでいますか。

(3) メグは朝食にパンを食べました。 → メグは朝食にパンを食べませんでした。

(4) ケイトは今5歳です。 → ケイトは今何歳ですか。

❸(1) 私は長い髪をしています。→ 私の髪は長いです。

(2) 私には（1人も）兄弟がいません。

(3) アンダーソン先生は私たちの学校の英語の先生です。 → アンダーソン先生は私たちの学校で英語を教えています。